체르니100 과정
KB241482
체르니
레시피
최동규 편저
세광음악출판사

머리말

바이엘을 마치고 드디어 체르니 교재를 배우게 되었다며
설레어하던, 그날의 행복했던 기억이 떠오릅니다.

체르니 100의 첫 번째 악보를 보고 신기해하며 연주했던
첫 작품의 아름다웠던 선율들을 생각해 봅니다.

'체르니 레시피'는 다양한 피아노 작품들을 자유롭게 연주하기 위한
필수 테크닉과 효율적인 연습을 위한 선곡과 편곡들이 담겨 있습니다.
특히, 오랜 기간 음악교육을 하며 축적된 저자만의 '노하우'와
'실용적인 요소'들이 가득 담겨있는 이 시대의 피아노 교본입니다.

앞으로, 피아노라는 멋진 악기를 통해 아름다운 작품들을 연주하게 될
여러분들이 행복과 감동의 순간을 느낄 수 있는 교본을 만들고 싶었습니다.

다양한 드럼 비트(Beat)와 함께하는 연습.
인트로(Intro)가 있는 레시피만의 편곡 작품들을 통해 여러분이
체르니 교본을 배우고 연주하는 과정이 더욱더 즐겁고 행복하기를 바랍니다.

멋진 연주자로 성장하는 학생들을 바라보며, '체르니 레시피'를 활용해 주시는
모든 선생님들께도 음악교육의 기쁨과 보람이 가득하시기를 기대합니다.

감사합니다.

저자 최동규

차례

오른손 스타카토 연타 연습

Czerny Op. 139, No. 2

Intro 인트로는 곡의 전주입니다. Introduction의 줄임말로 어떤 곡을 시작하기 전에 연주하는 부분을 말하며 인트로의 끝에는 겹세로줄이 옵니다. 체르니 레시피에만 있는 인트로를 연주하며 색다른 체르니를 경험해 보세요.

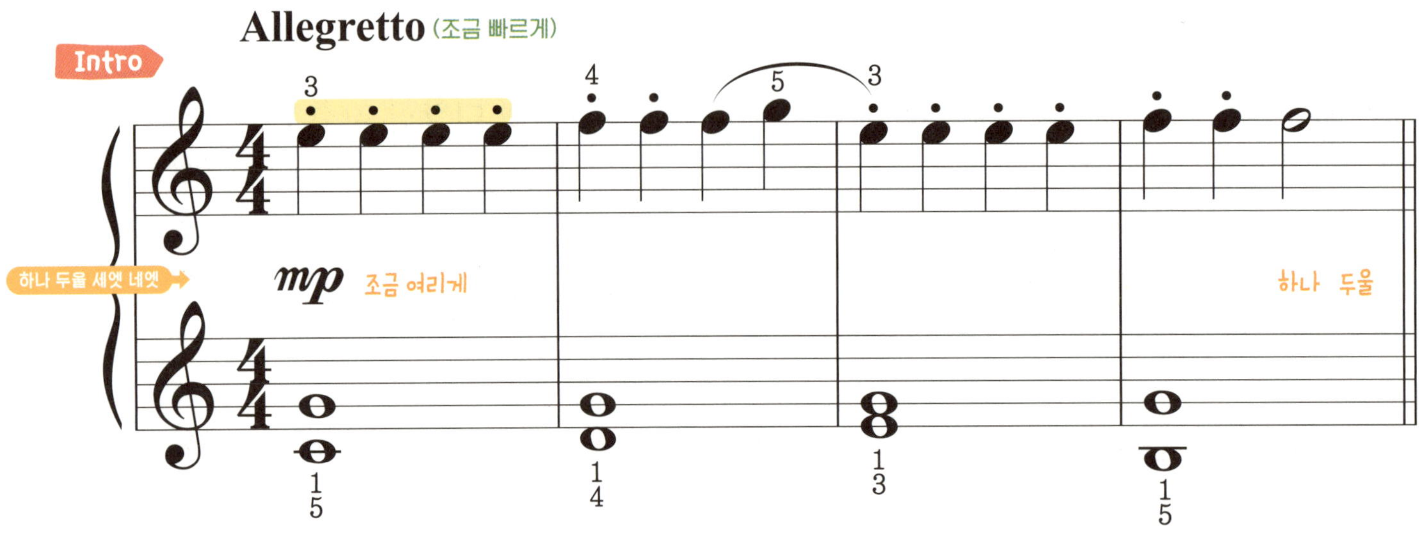

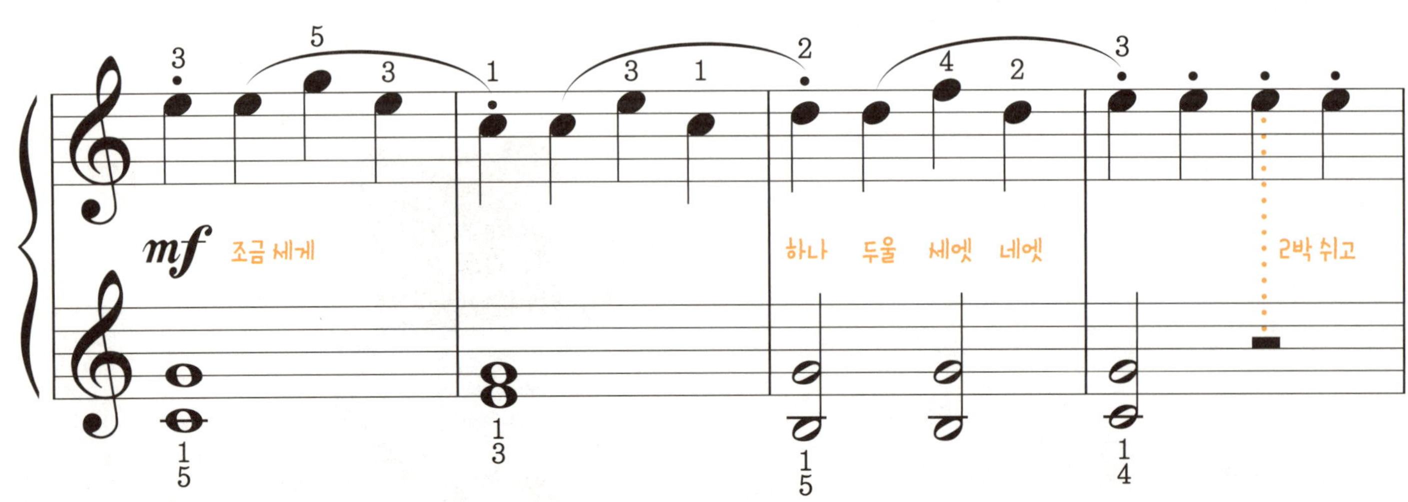

드럼 비트를 사용하여 정확한 박자로 연습하세요.
천천히 시작해서 빠른 빠르기까지 도전해 보세요.

90

100

110

하나 두울

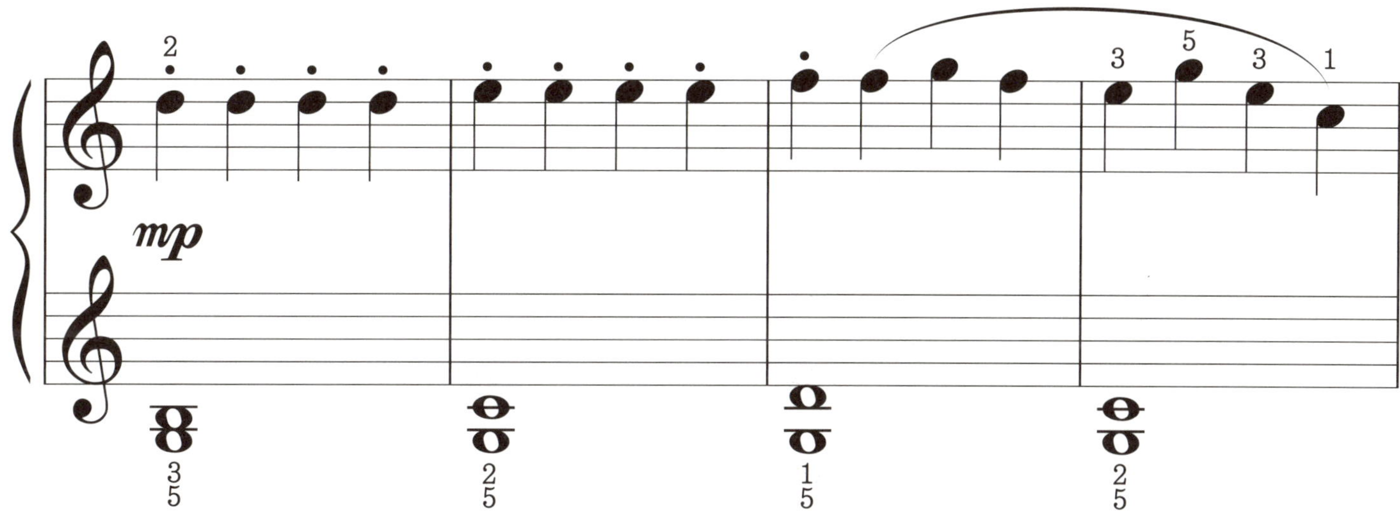
mp

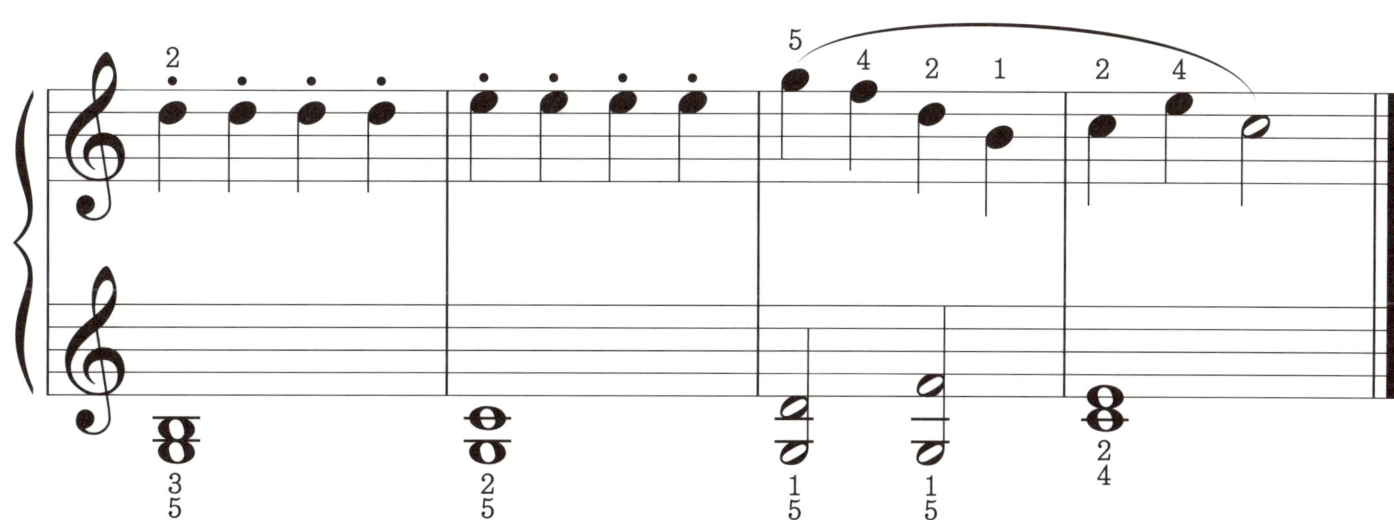

음계의 움직임 연습

Czerny Op. 139, No. 3

Moderato (보통 빠르기로)

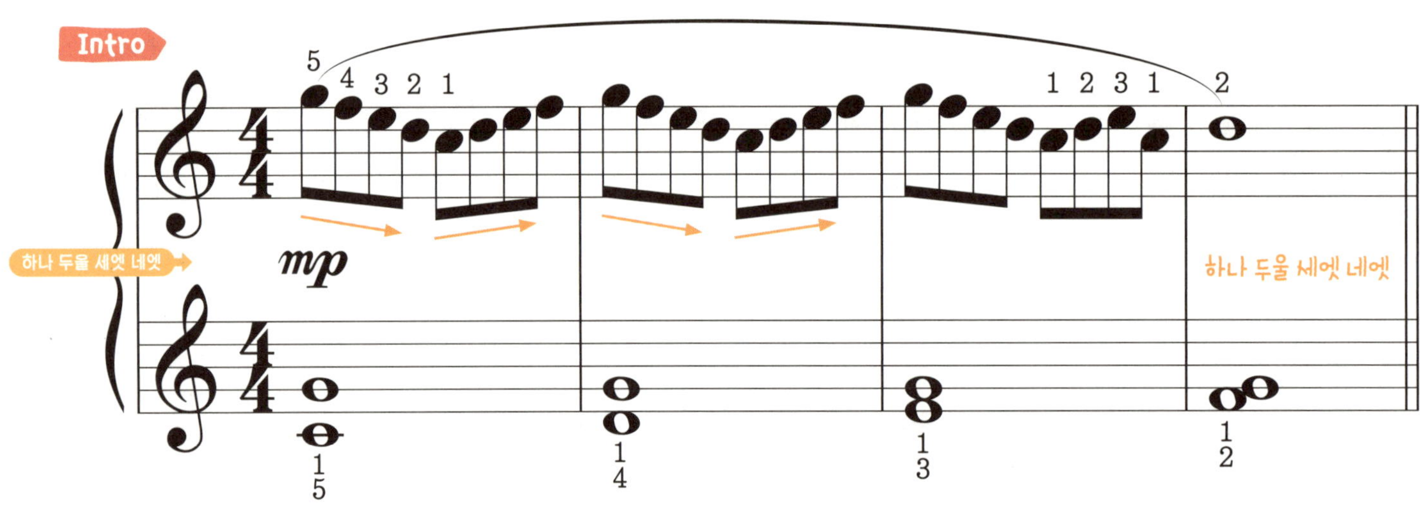

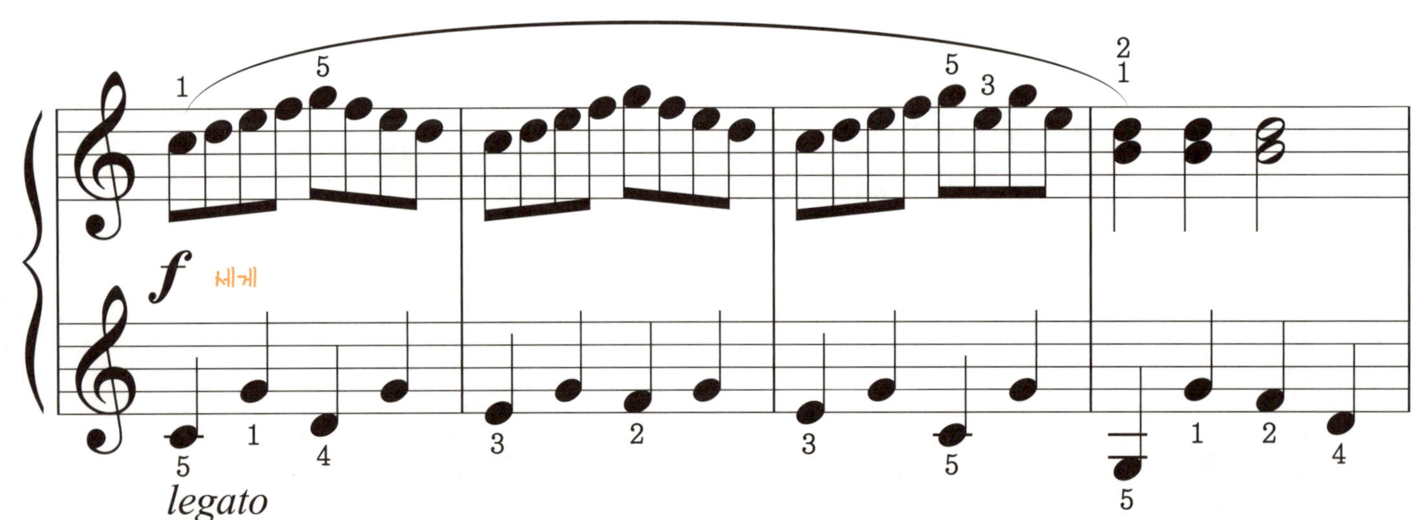

80
90
100

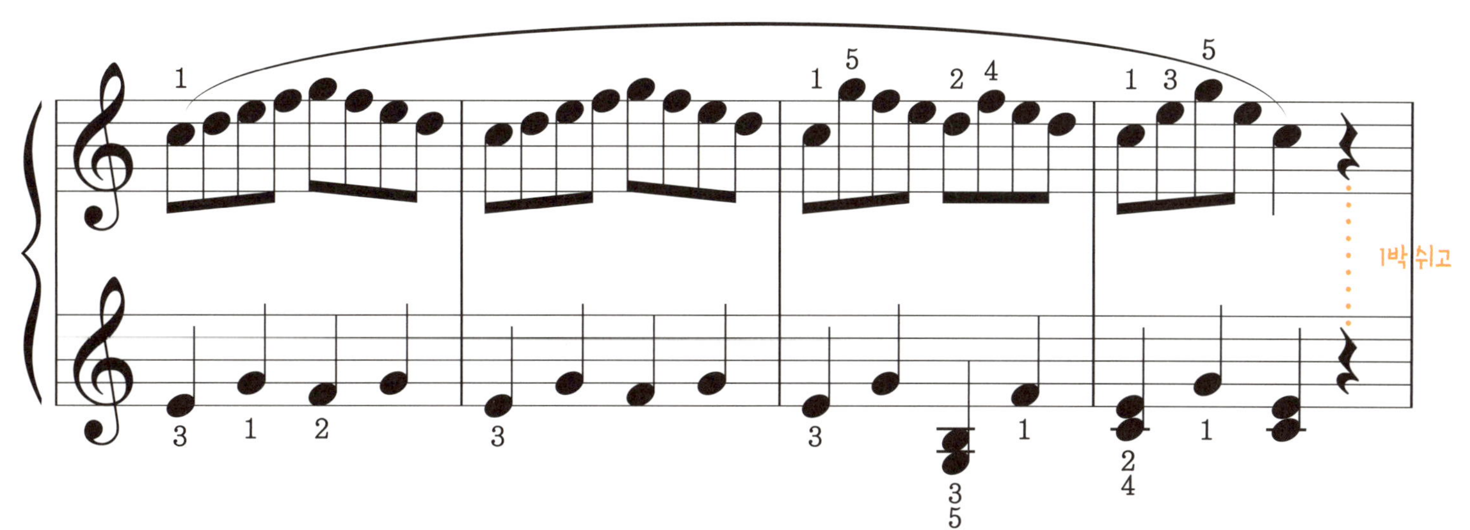

1박 쉬고

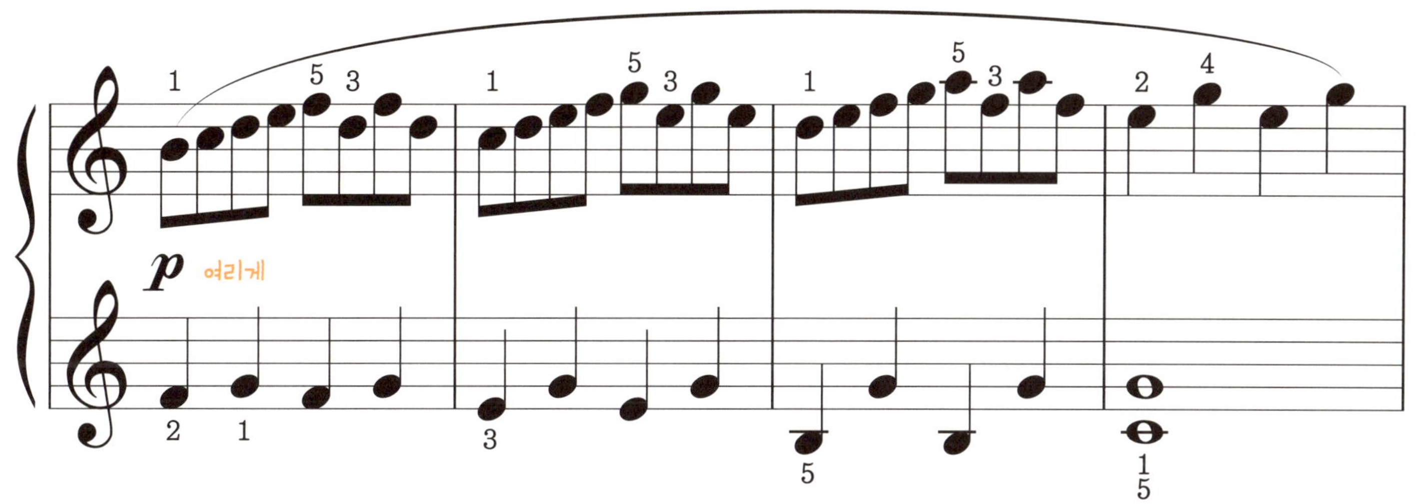

p 여리게

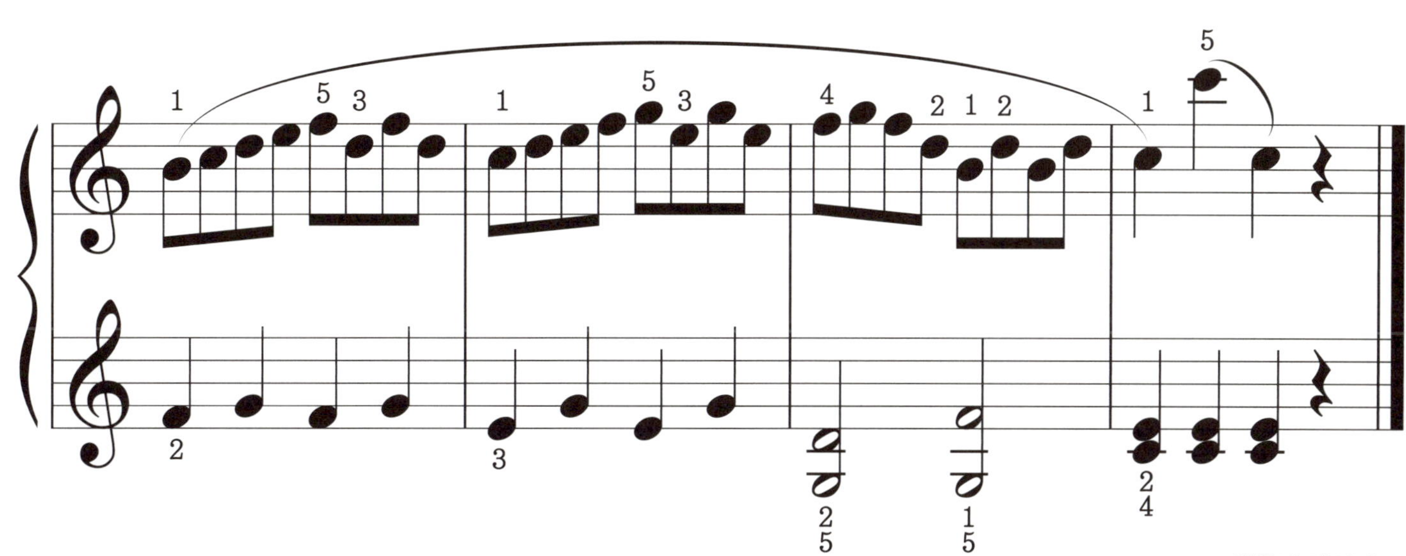

3도 겹음 연습

Czerny Op. 139, No. 1

Moderato (보통 빠르기로)

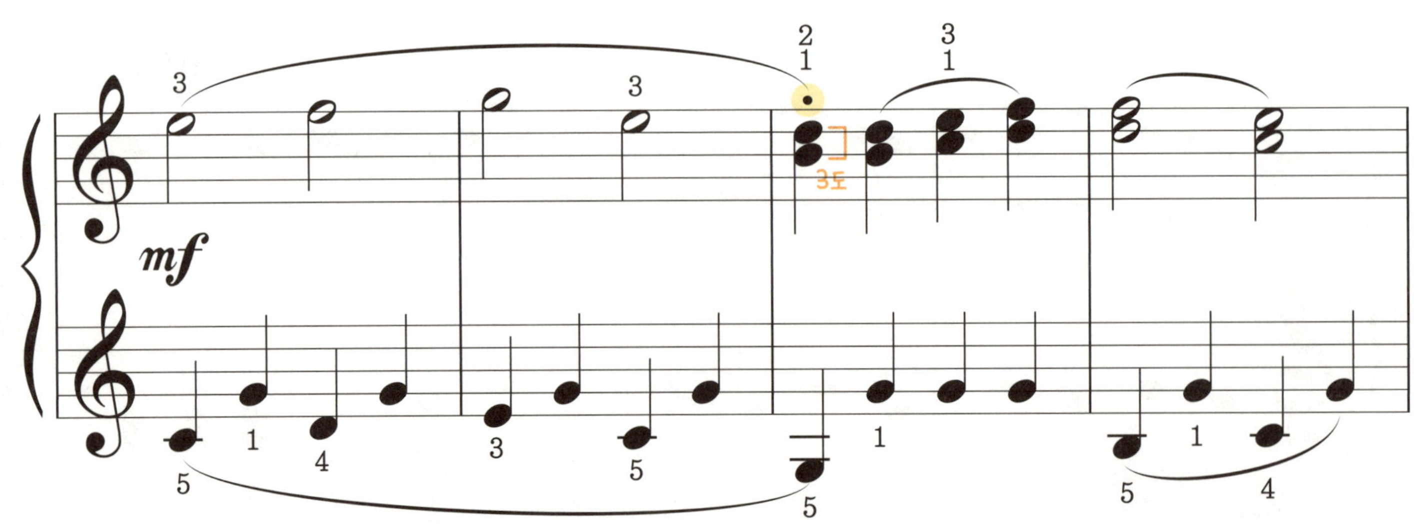

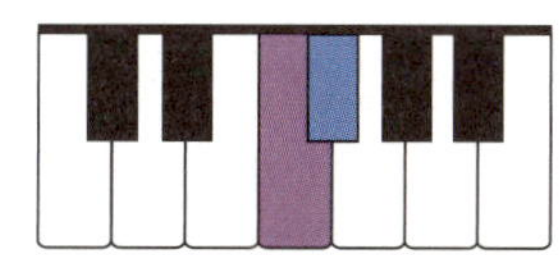

♯(샤프)가 붙은 음은 반음 위의 음을 연주합니다.

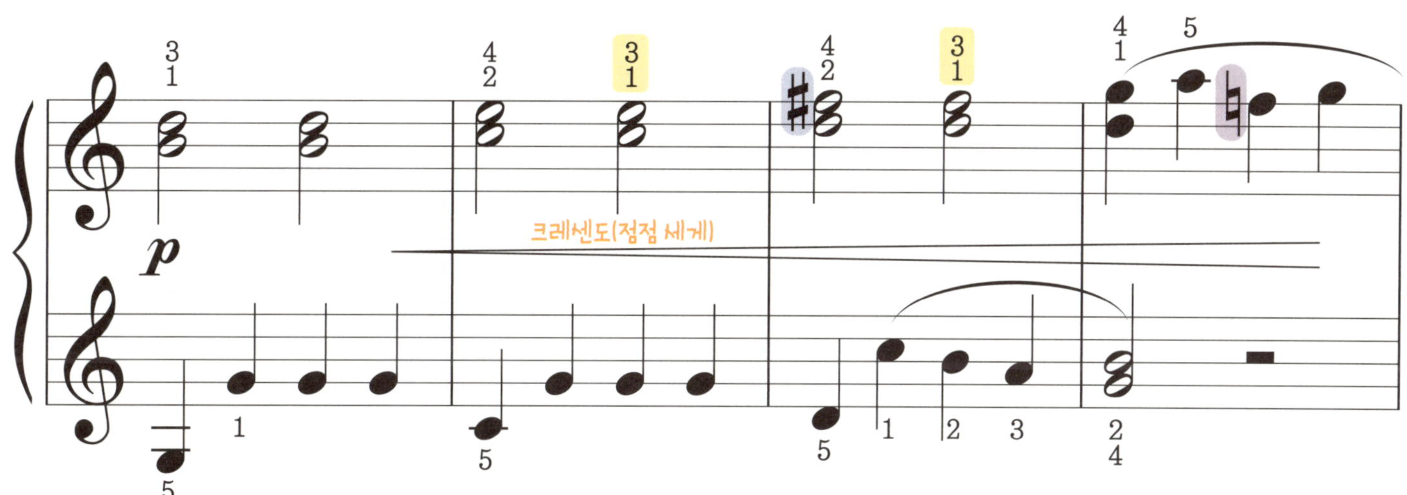

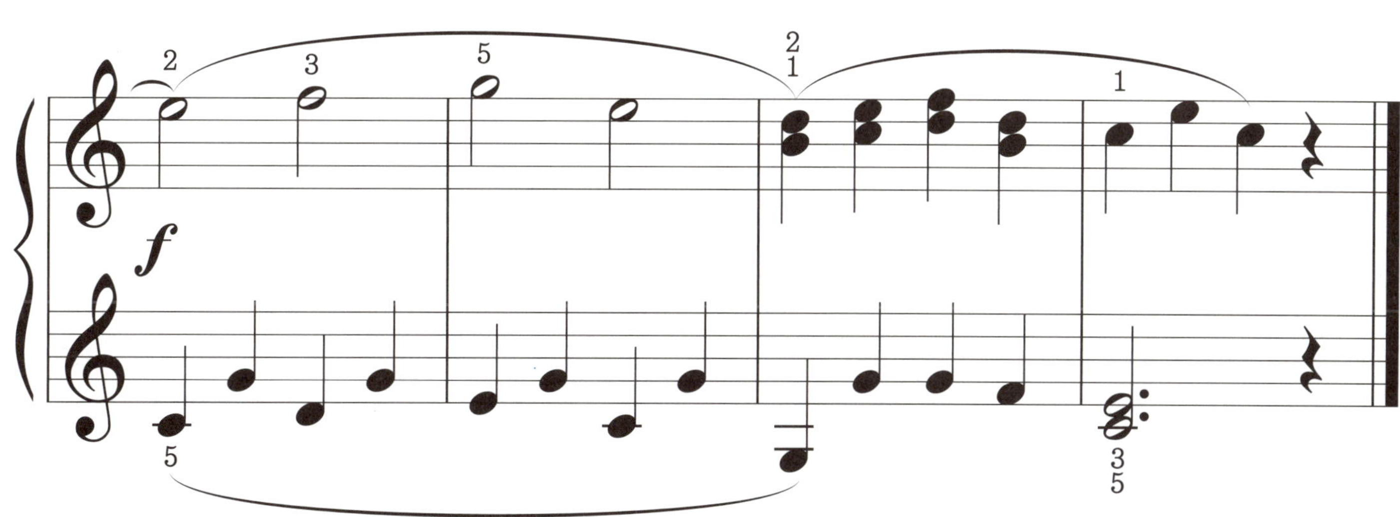

3도 겹음의 프레이즈 연습

Czerny Op. 139, No. 4

Andantino (조금 느리게)

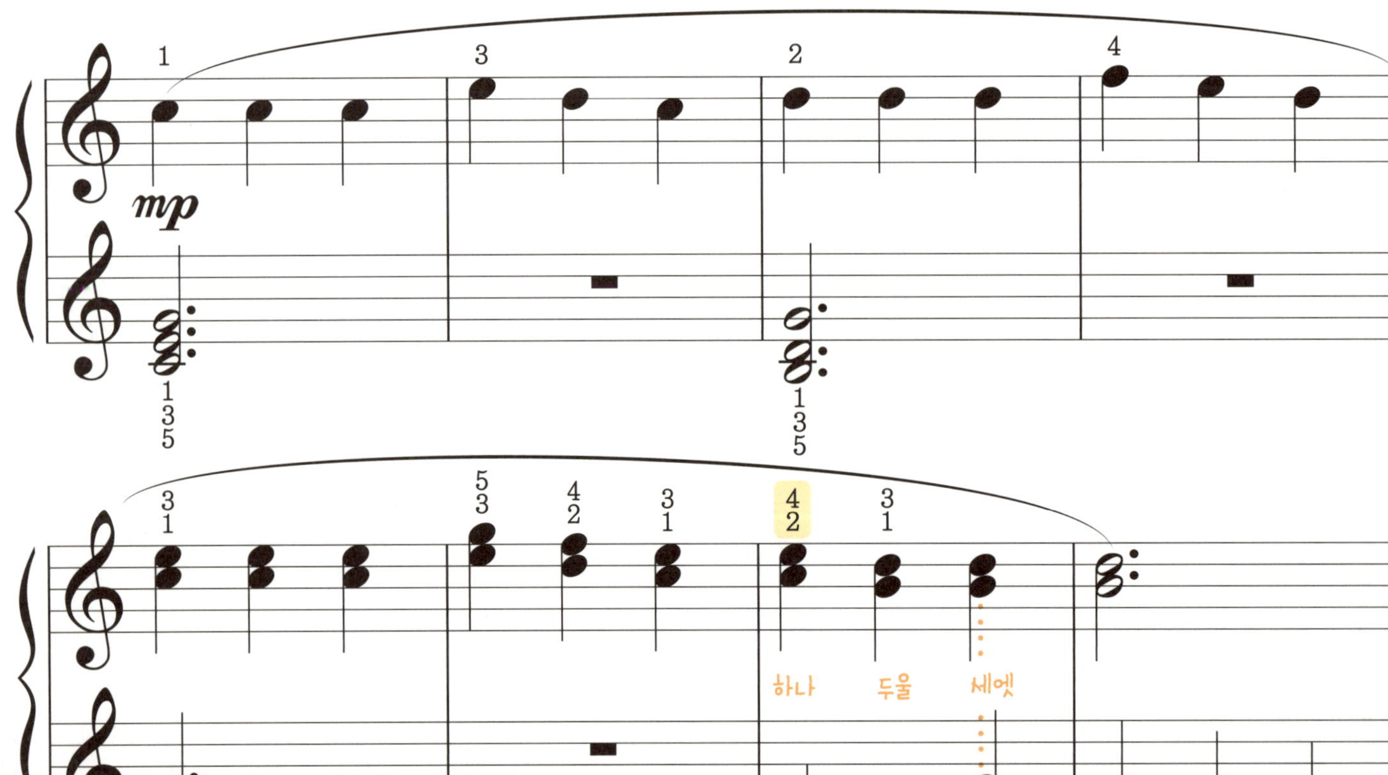

세뇨
mf
Fine
Fine에서 끝나요.
p
D.S. al Fine
세뇨로 가세요.
체르니 레시피   13

화성의 레가토 연습

Czerny Op. 139, No. 5

Allegretto (조금 빠르게)

90
100
110
체르니 레시피 15

06

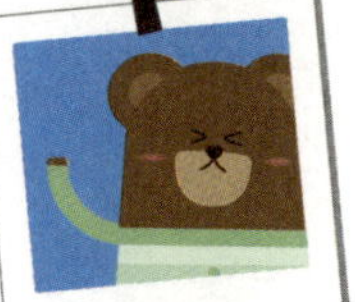

3박자 왈츠 연습

Czerny Op. 453, No. 8

Allegretto Vivace (활기차며 조금 빠르게)
Intro
하나 두울 세엣
mp
1박 쉬고
f

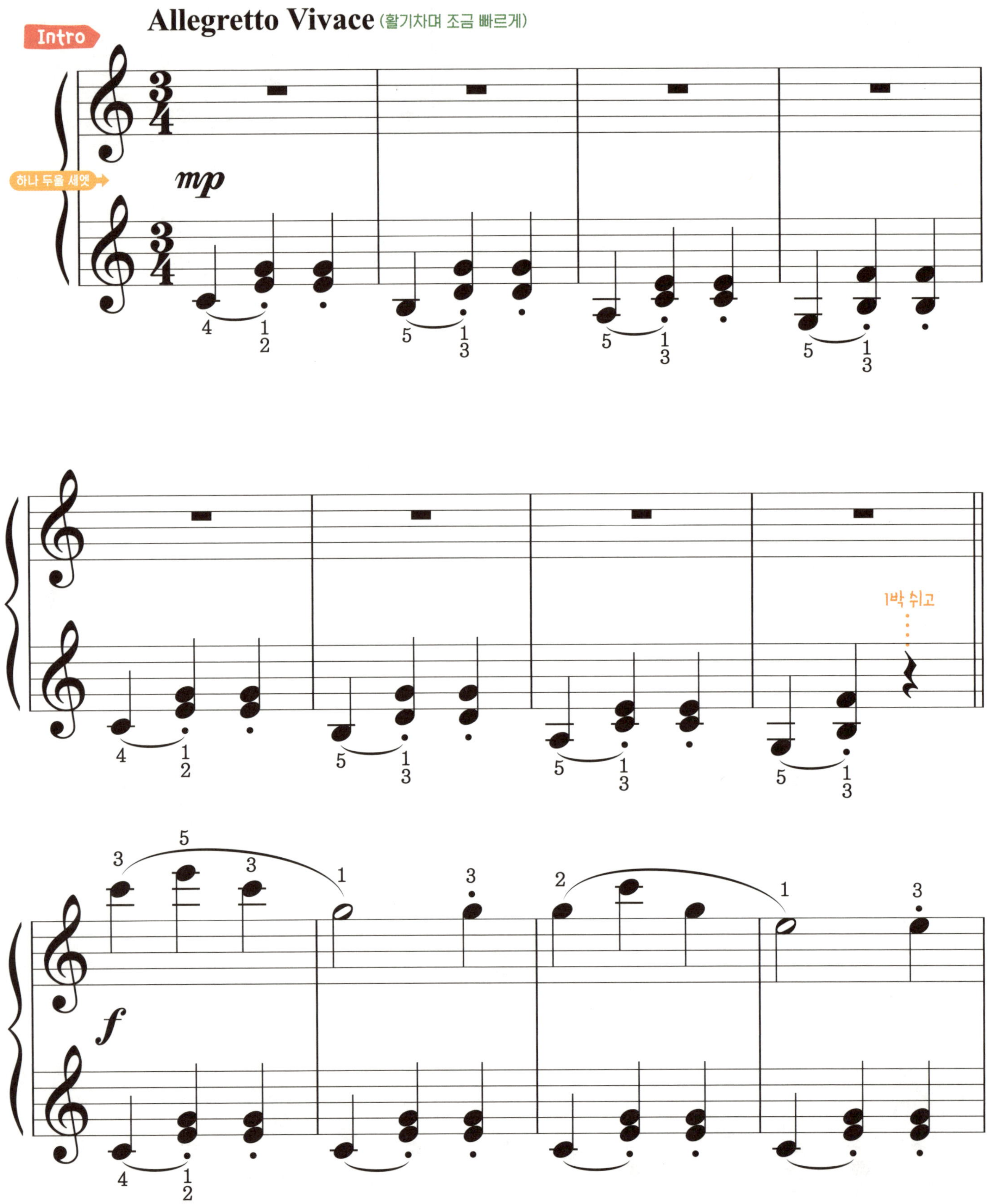

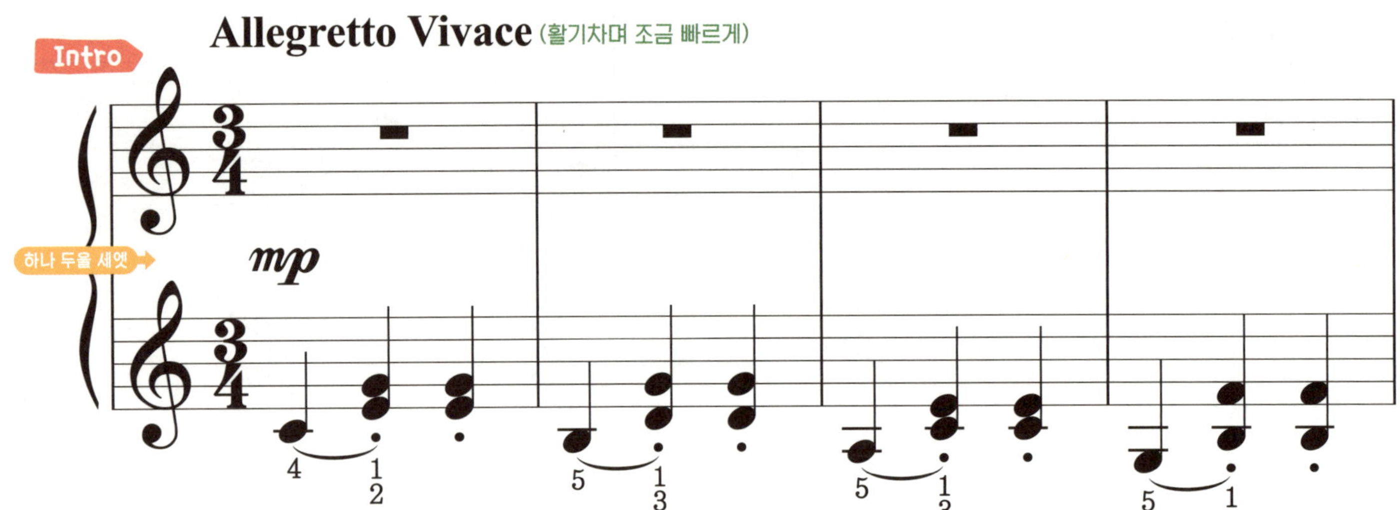

100
110
120

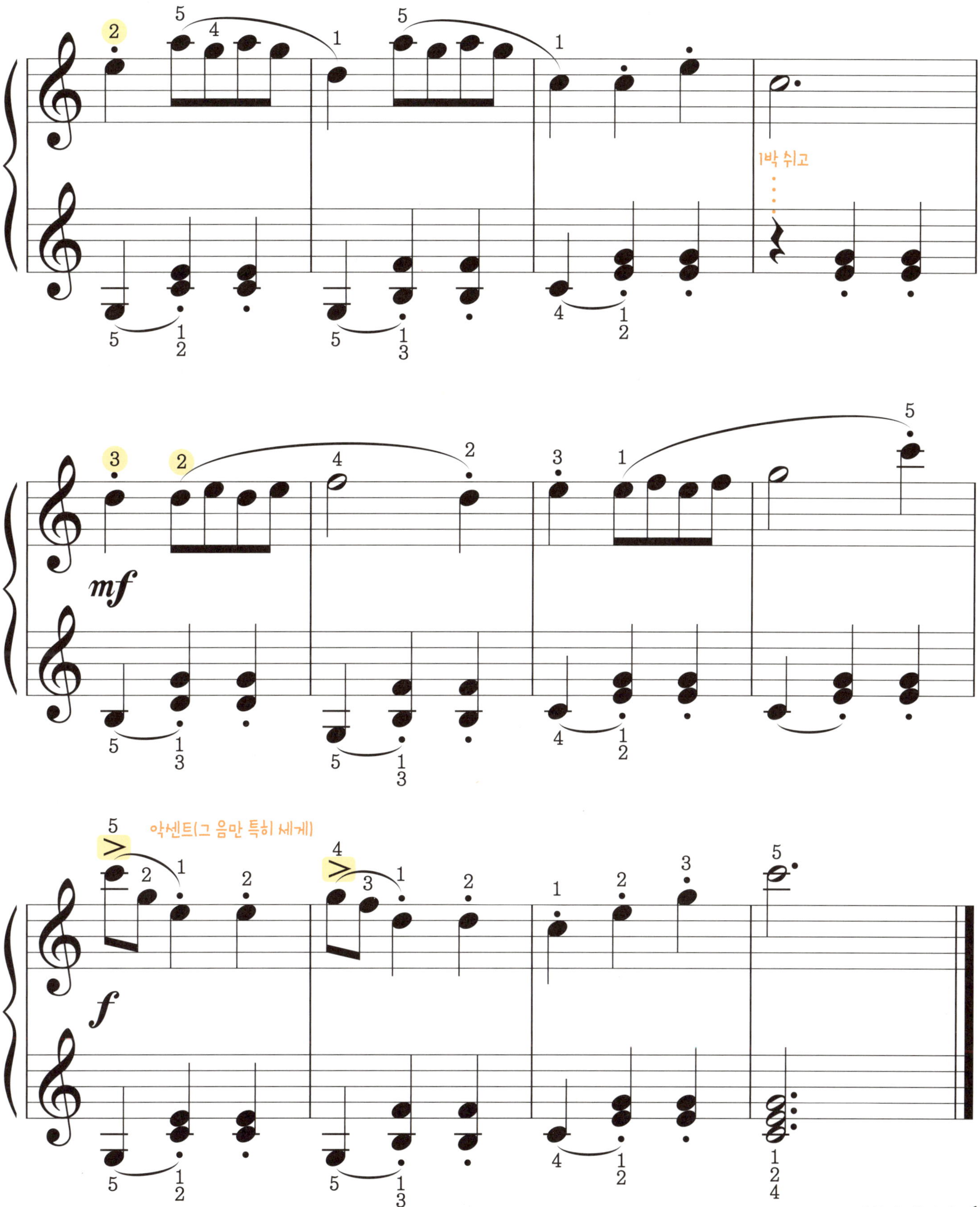

1박 쉬고

악센트(그 음만 특히 세게)

6도 겹음 연습

Czerny Op. 139, No. 7

Allegretto (조금 빠르게)

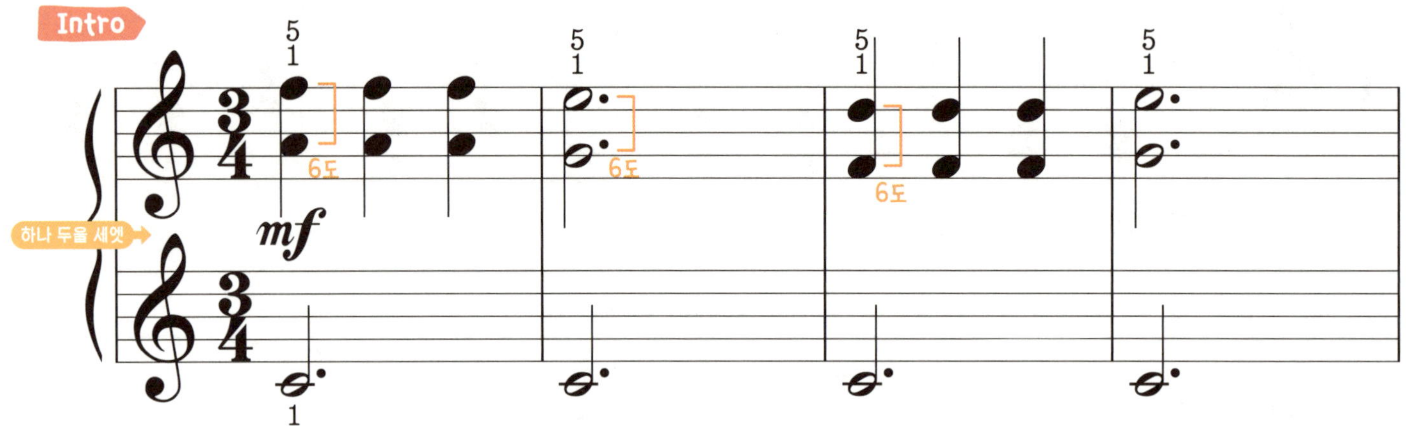

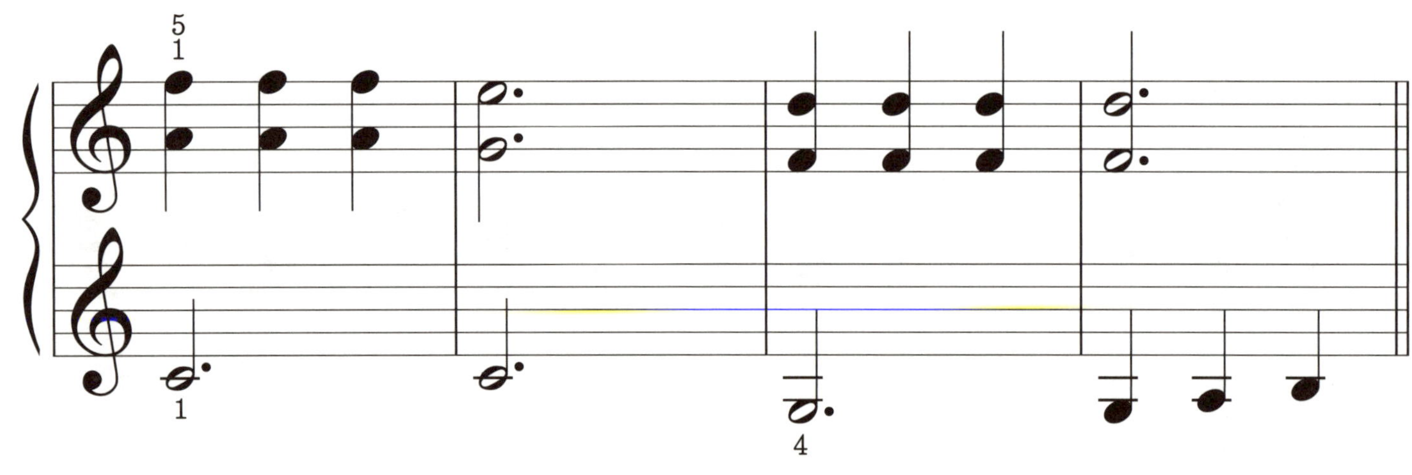

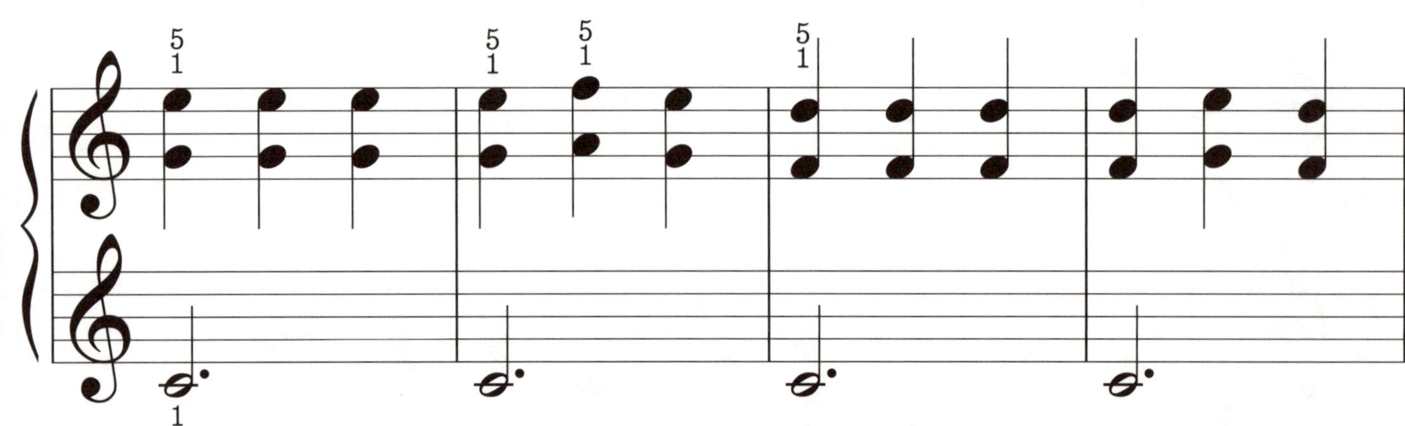

90
100
110

왼손 알베르티 베이스 연습

Czerny Op. 453, No. 6

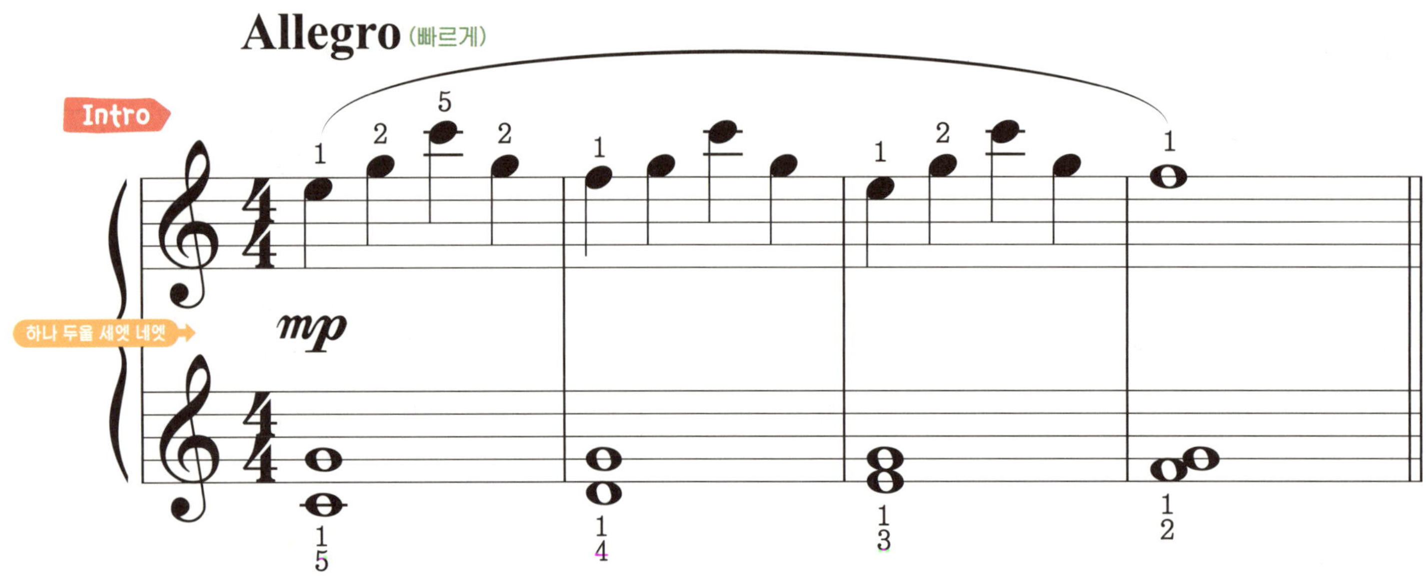

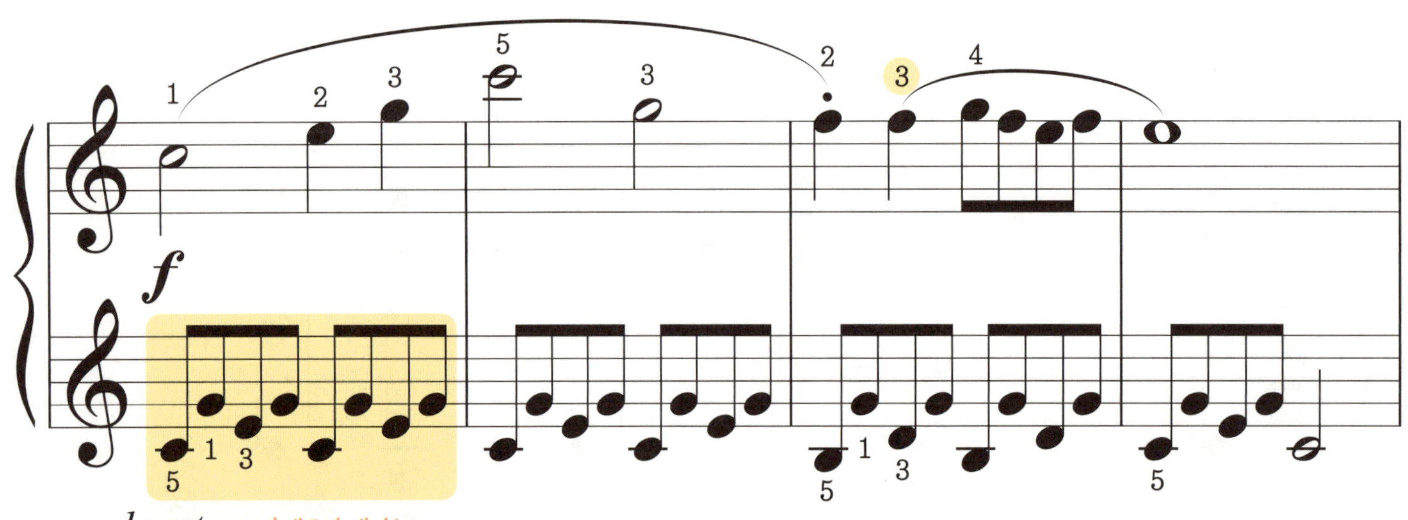

20

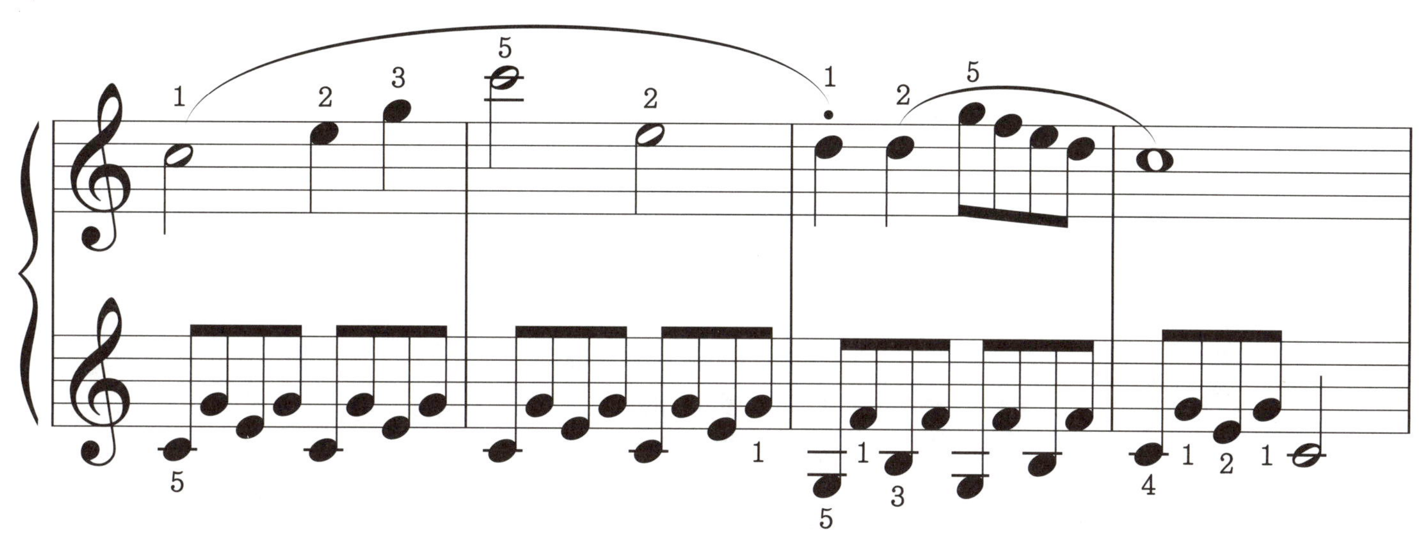

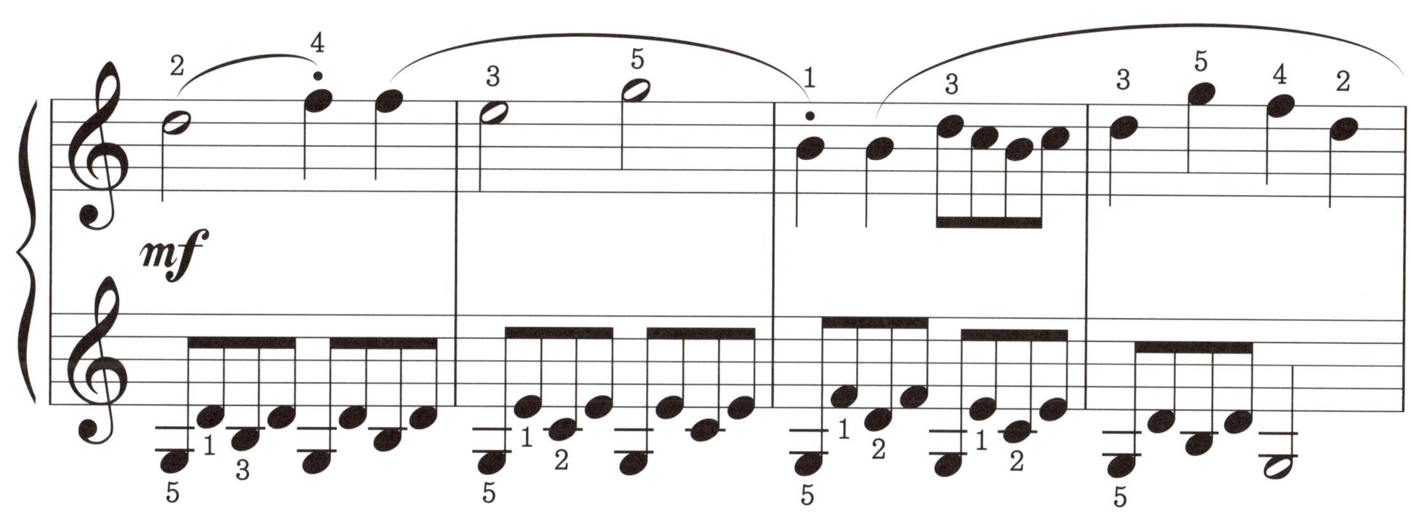
mf

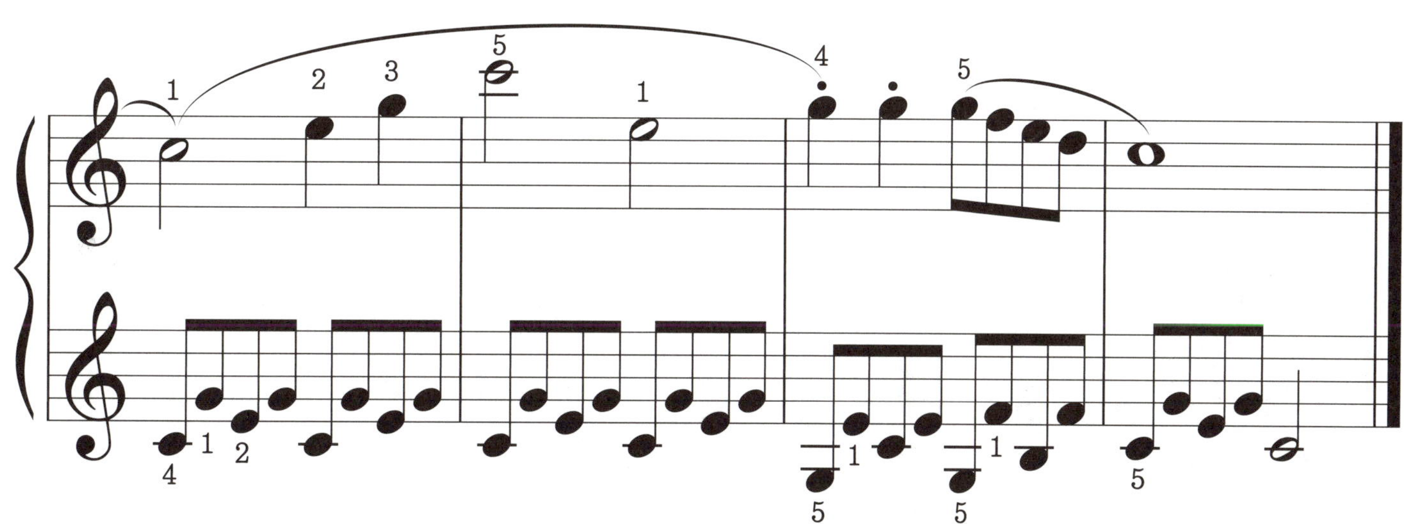

지속음과 다섯 손가락의 고른 타건 연습

09

Czerny Op. 139, No. 6

Allegretto Vivace (활기차며 조금 빠르게)

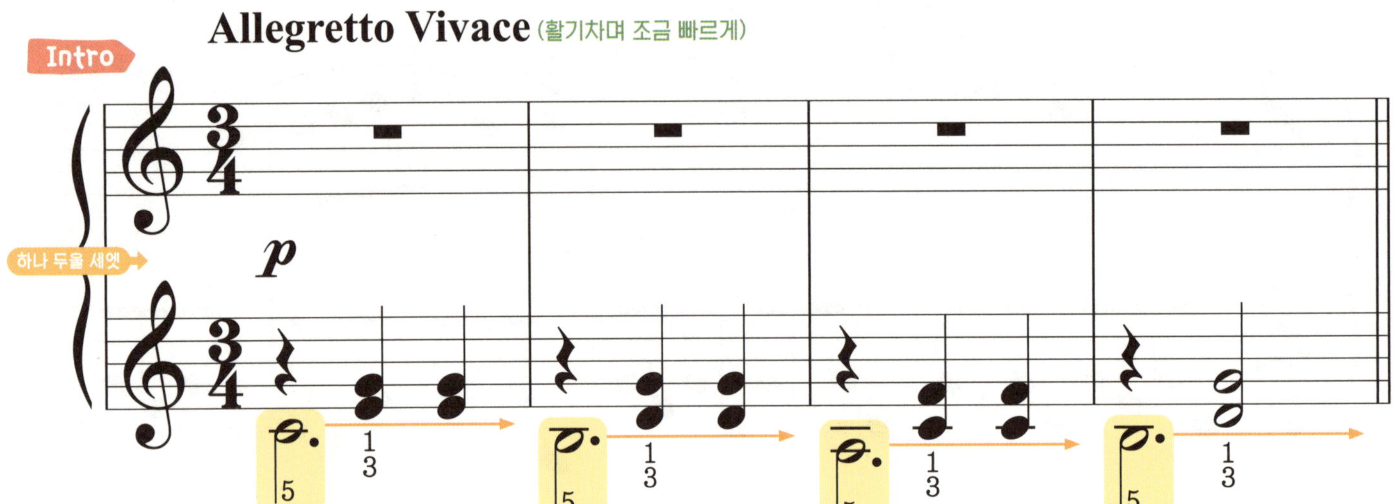

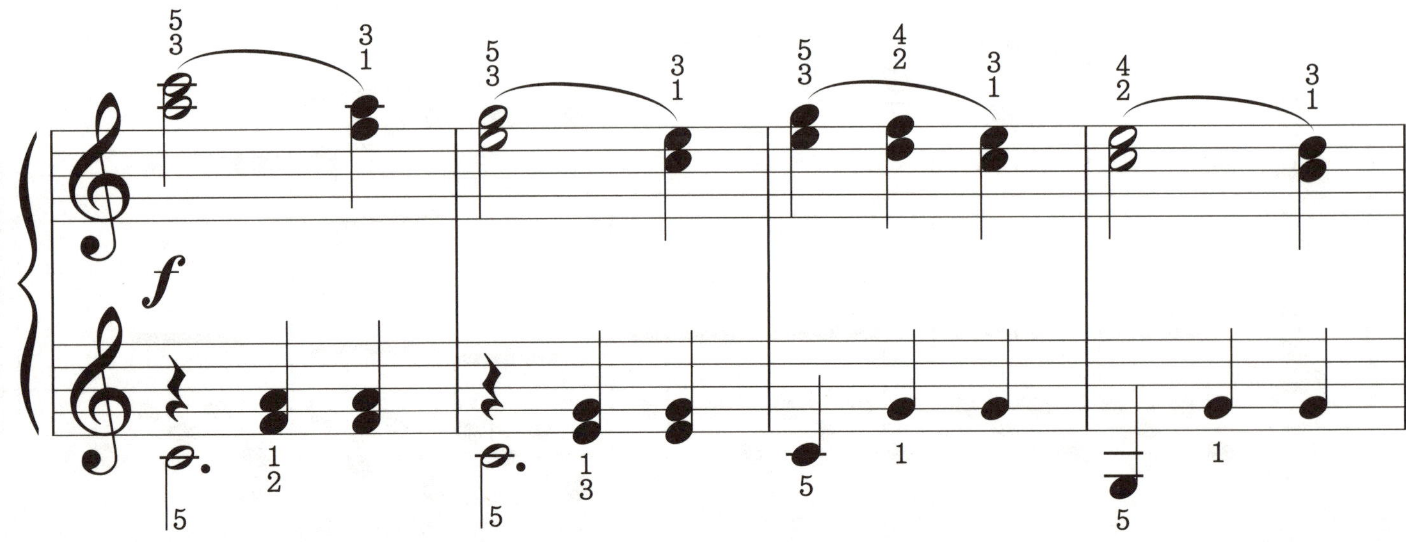

90
100
110

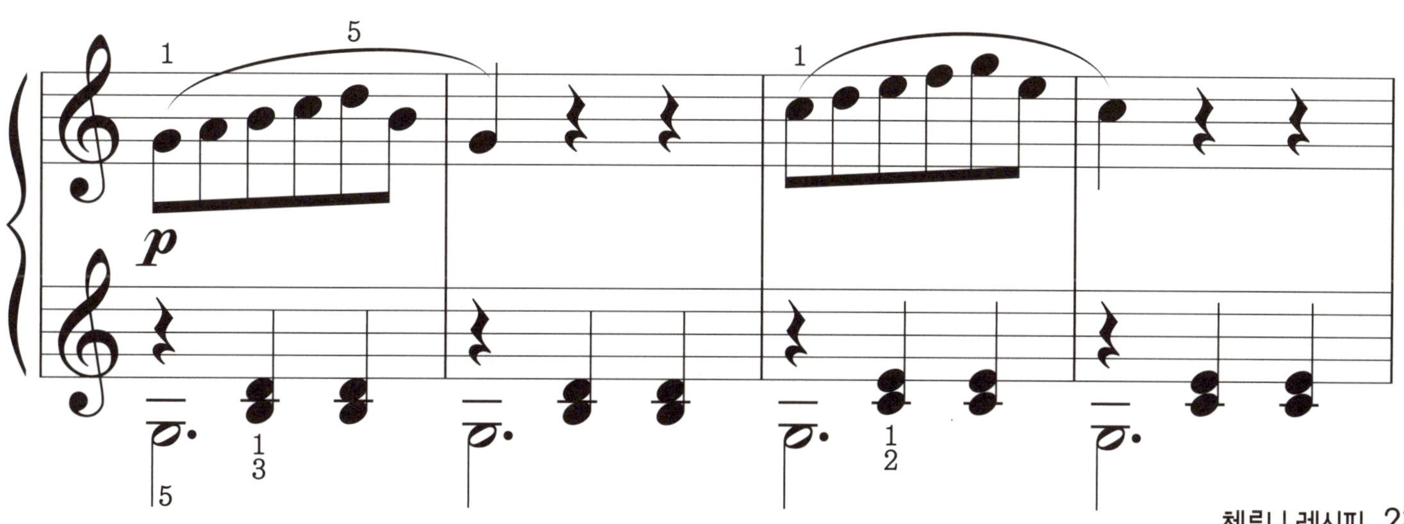

p
f
p

왼손 펼침 화음 연습

Czerny Op. 823, No. 35

Allegro Vivace (활기차며 빠르게)

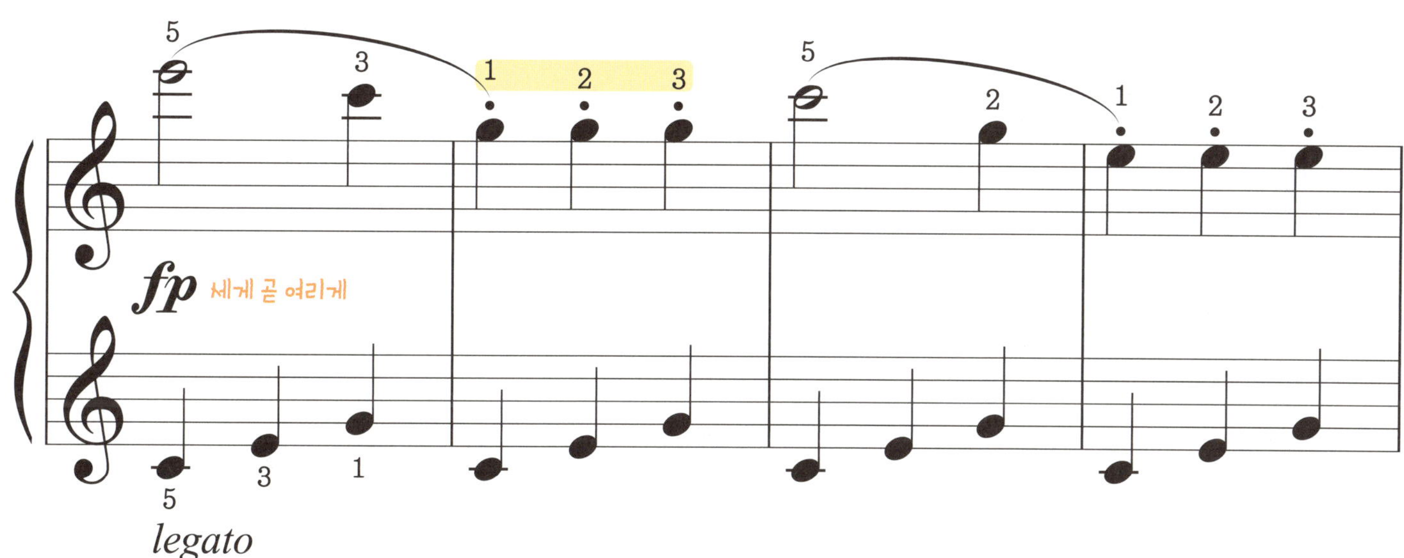

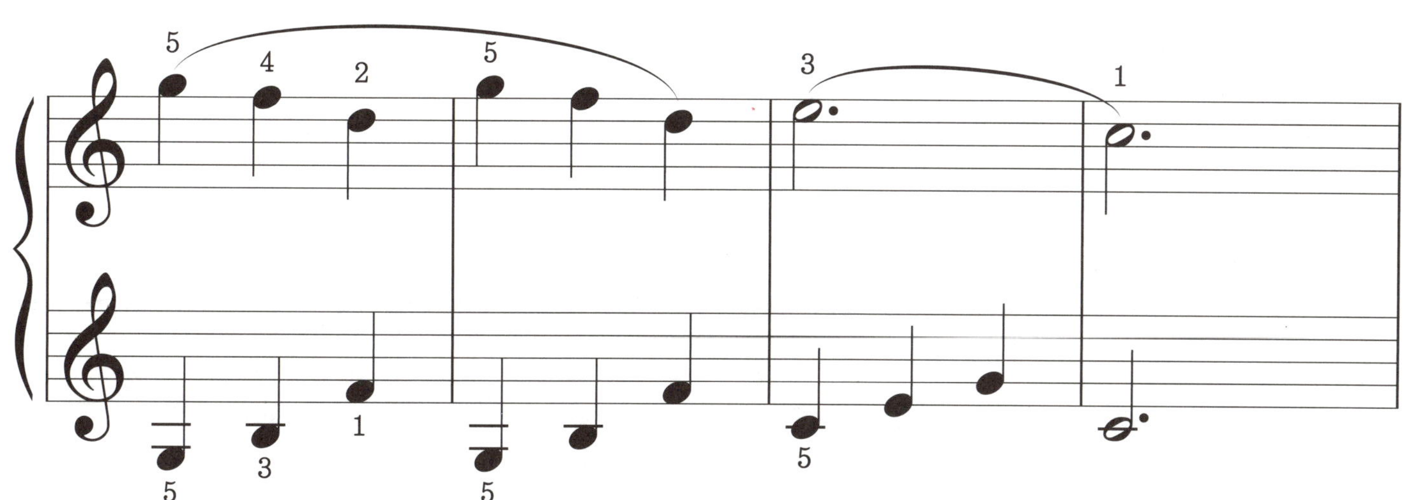

100
110
120

셋잇단음표 연습

Czerny Op. 453, No. 18

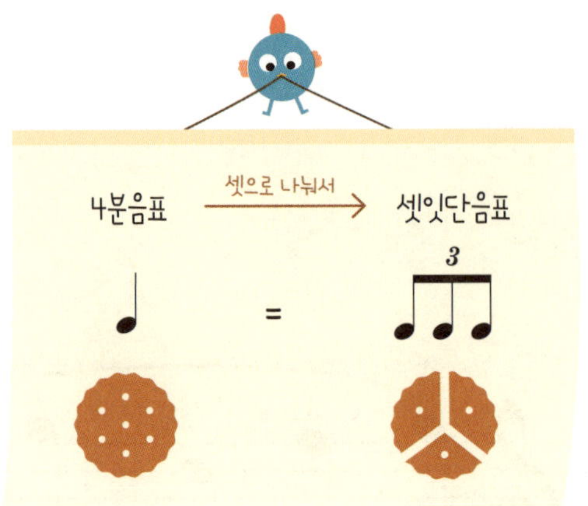

Allegretto Vivace (활기차며 조금 빠르게)

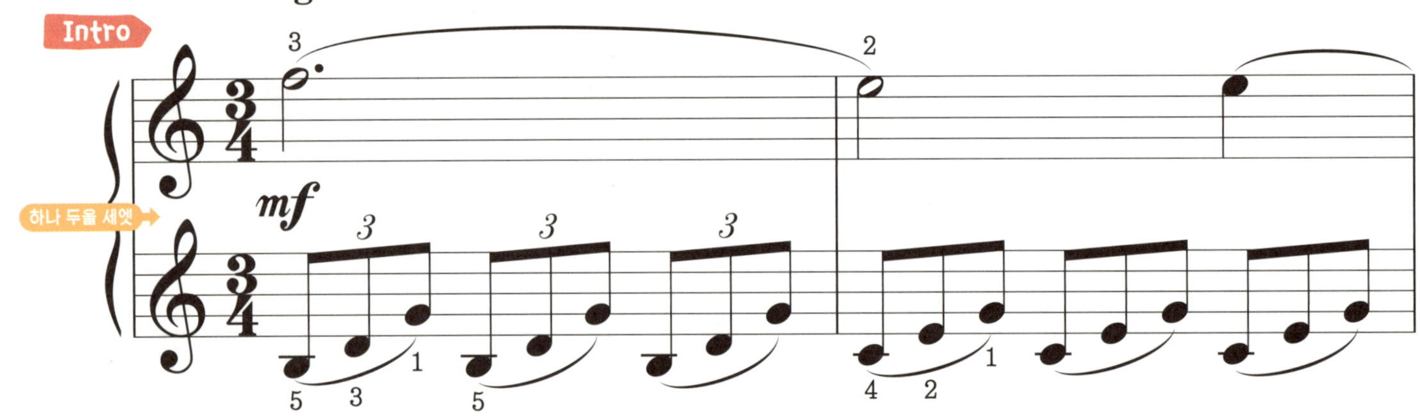

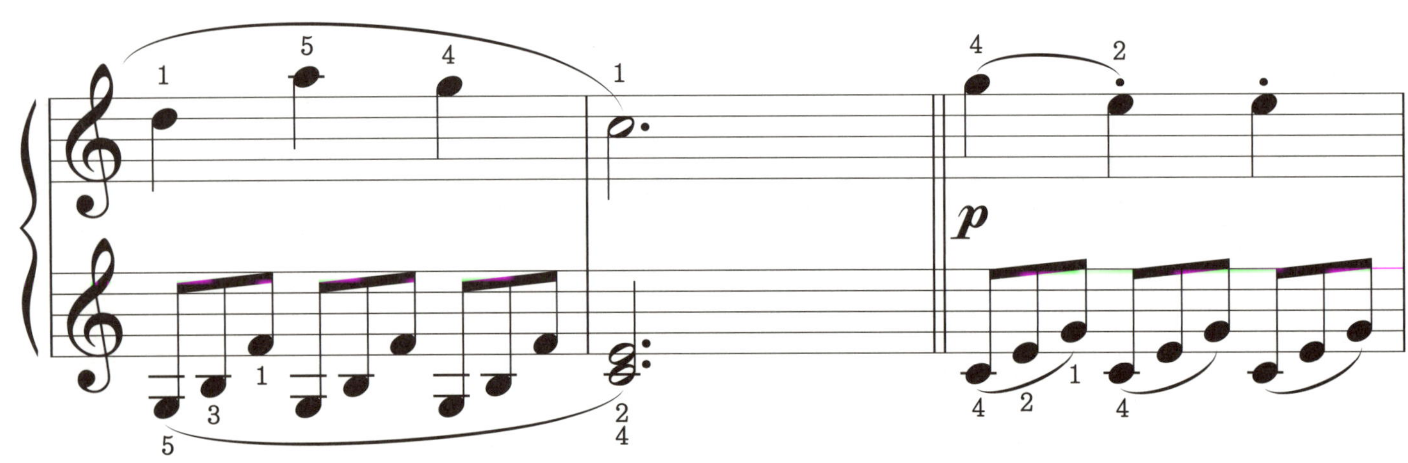

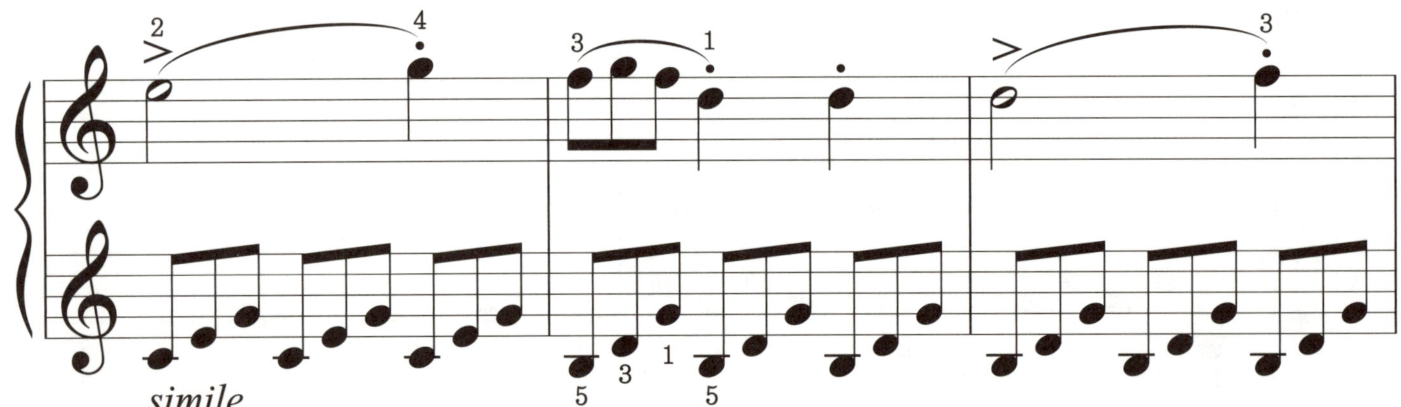

(앞부분과 같은 방법으로 연주)

28

mf
simile

단조의 6도 화음 연습

최동규 작곡

Moderato (보통 빠르기로)

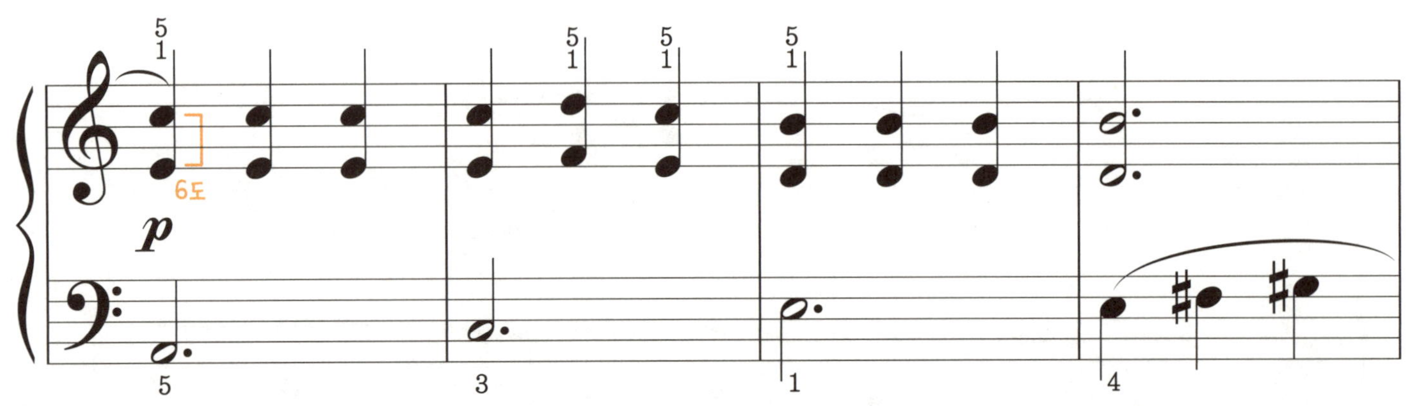

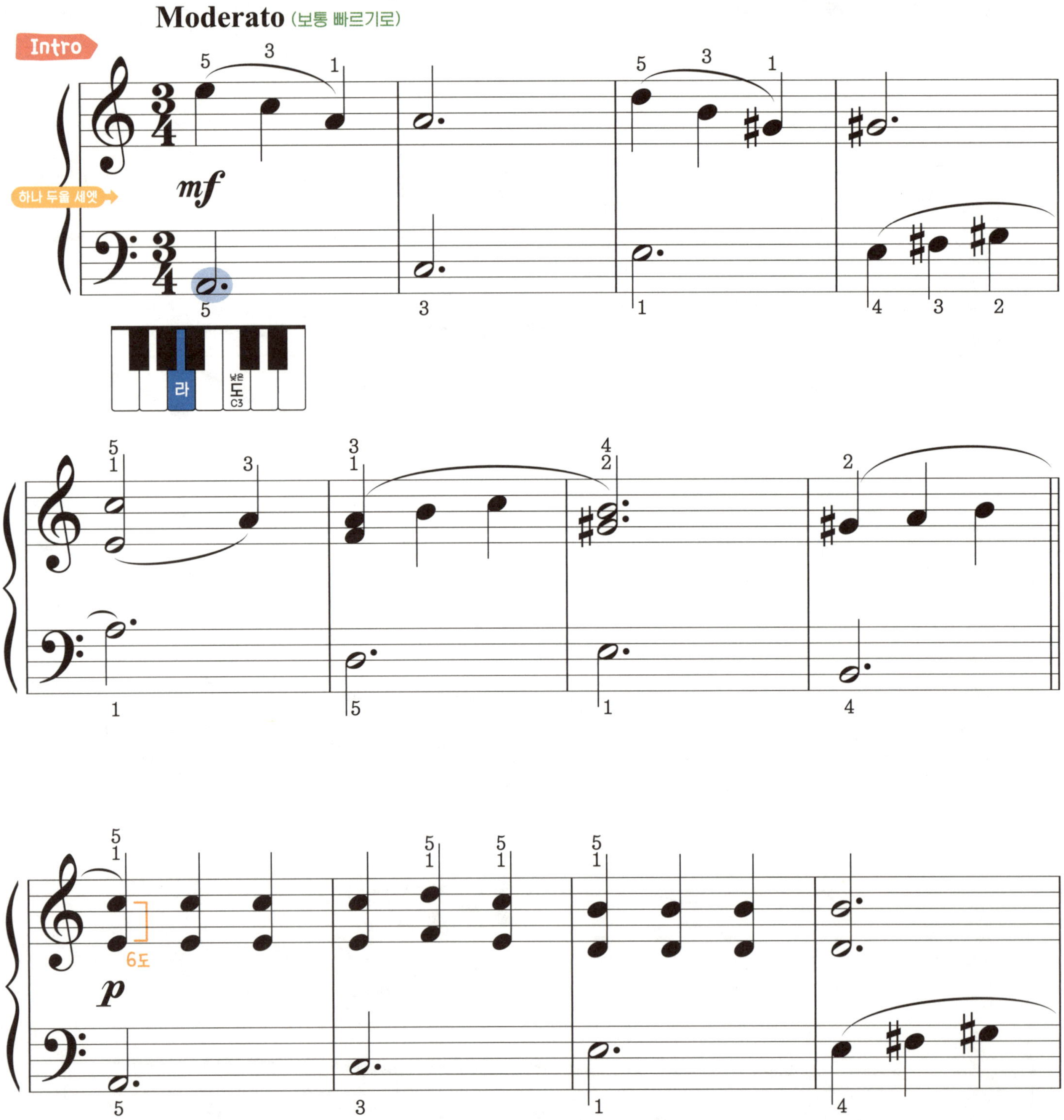

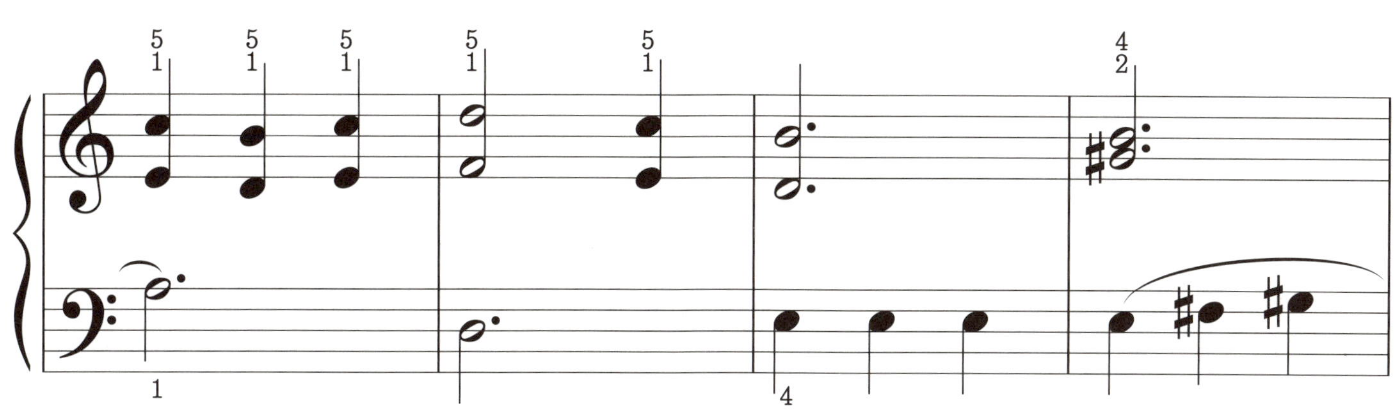

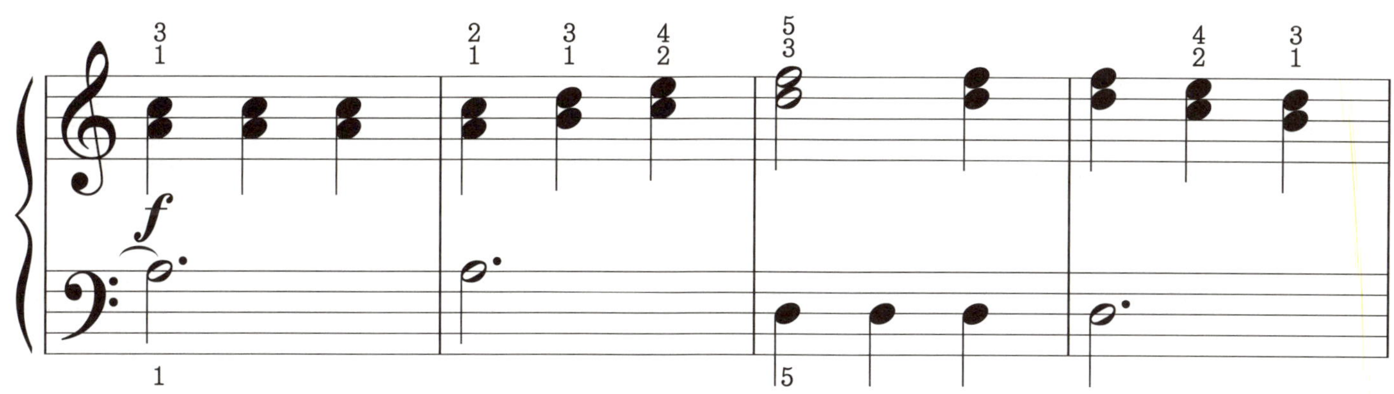
f

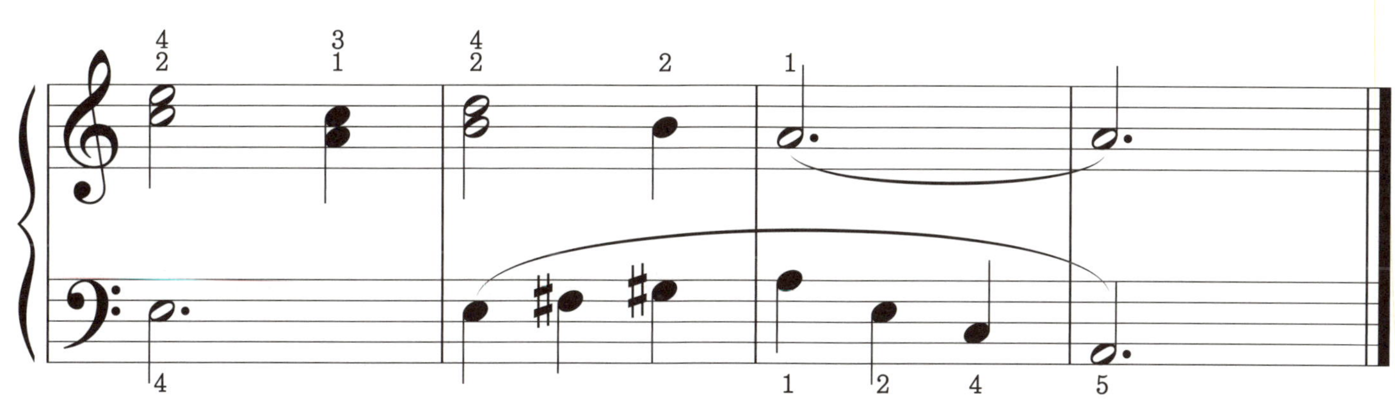

13 트레몰로 연습

Czerny Op. 139, No. 9

80
90
100
체르니 레시피 33

14

알베르티 베이스와 레가토 연습

Czerny Recreation, No. 20

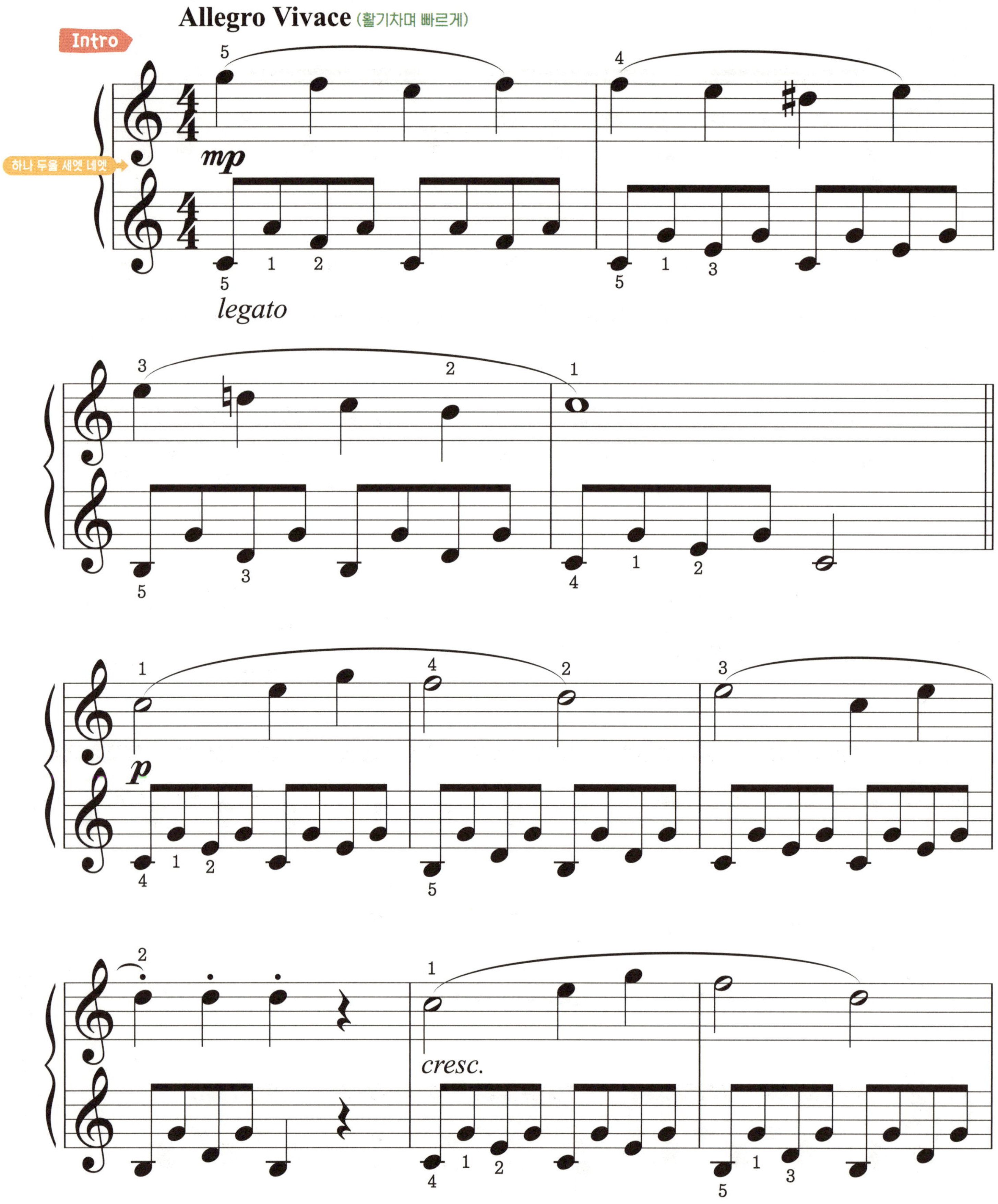
Allegro Vivace (활기차며 빠르게)
Intro
하나 두울 세엣 네엣
mp
legato
p
cresc.

dim. 디미누엔도(점점 여리게)
p
cresc.
dim.

16분음표 리듬 연습

Czerny Op. 139, No. 13

Allegro (빠르게)

90

100

110

양손 음량의 밸런스 연습

Czerny Op. 139, No. 10

16

Intro

Allegro Molto (대단히 빠르게)

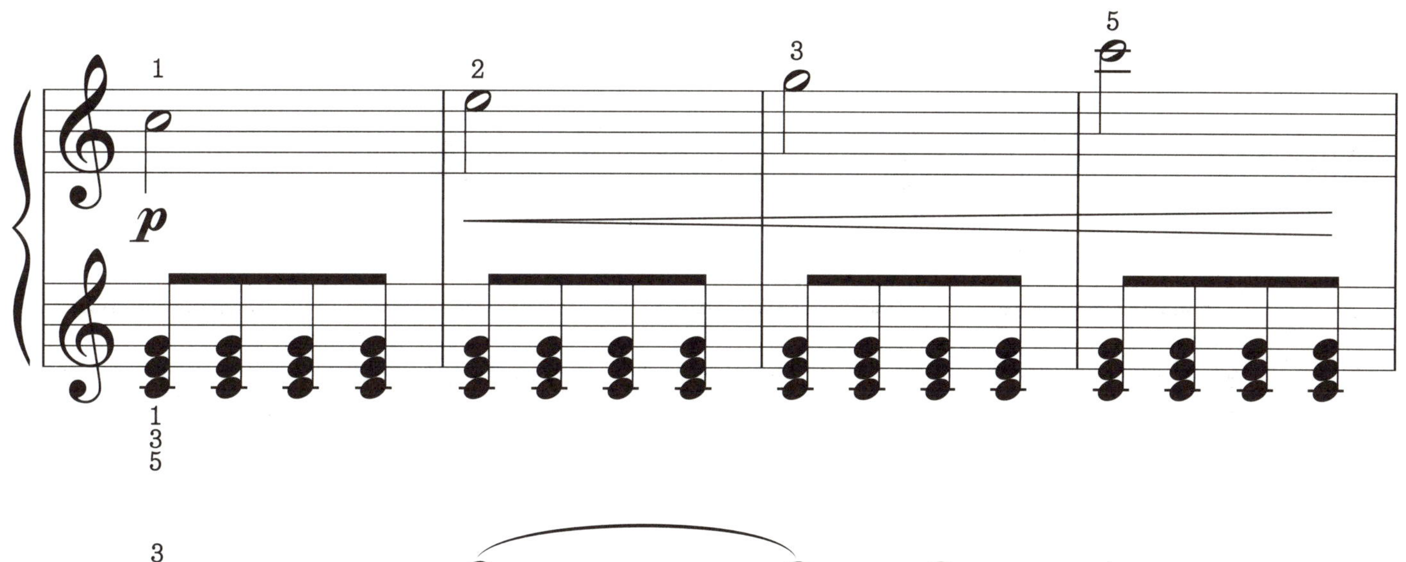

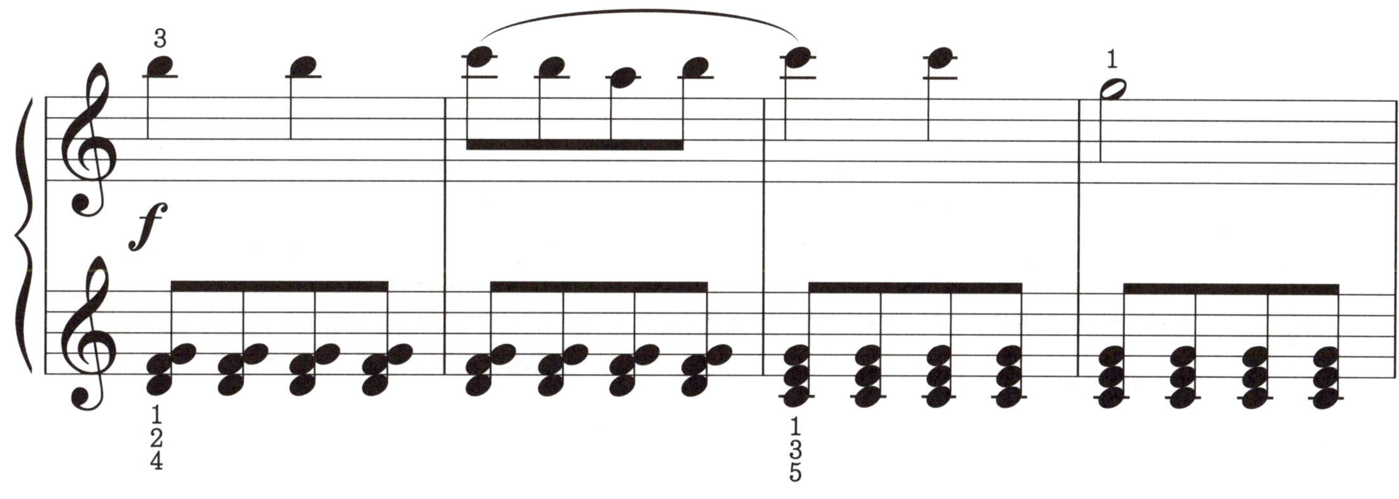

90
100
110

스타카토와 트릴 연습

Czerny Op. 453, No. 29

Allegro (빠르게)

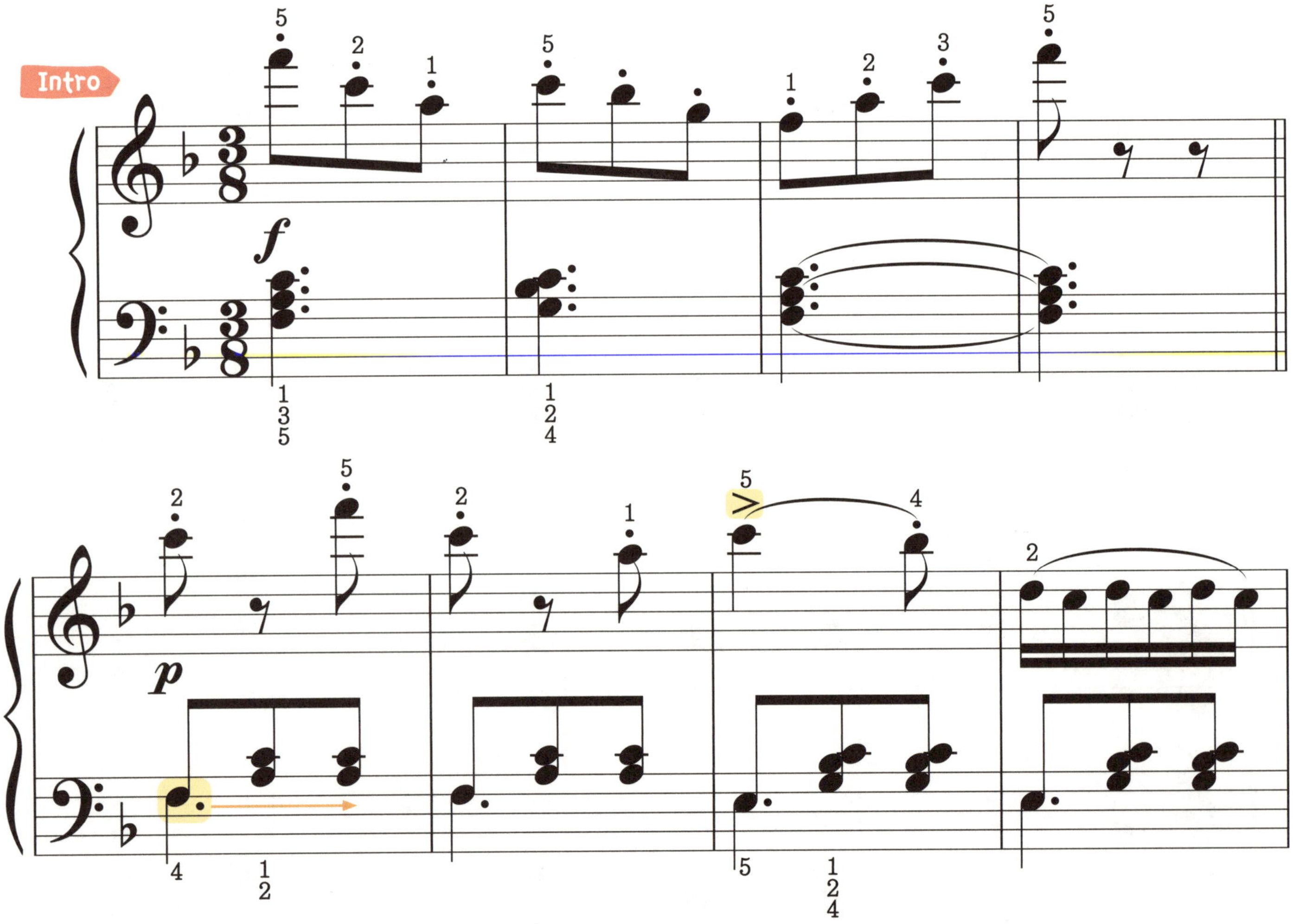

90
100
110

3도 겹음의 연속 레가토 연습

Czerny Op. 139, No. 28

18

Allegretto Vivace (활기차며 조금 빠르게)

90
100
110
f
p
f

당김음과 16분음표 알베르티 베이스 연습

Beyel Op. 101, No. 94

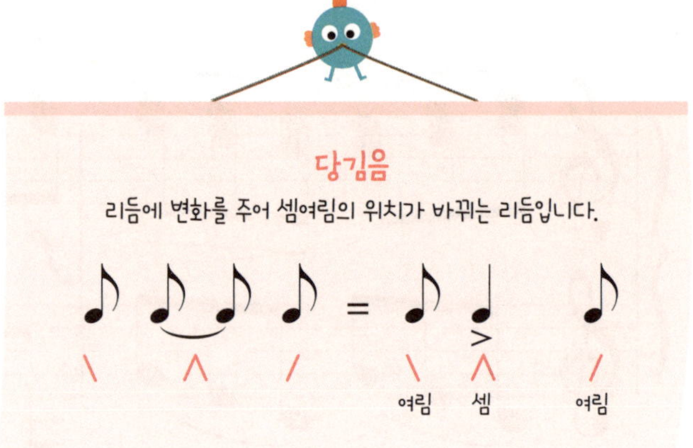

Allegretto (조금 빠르게)

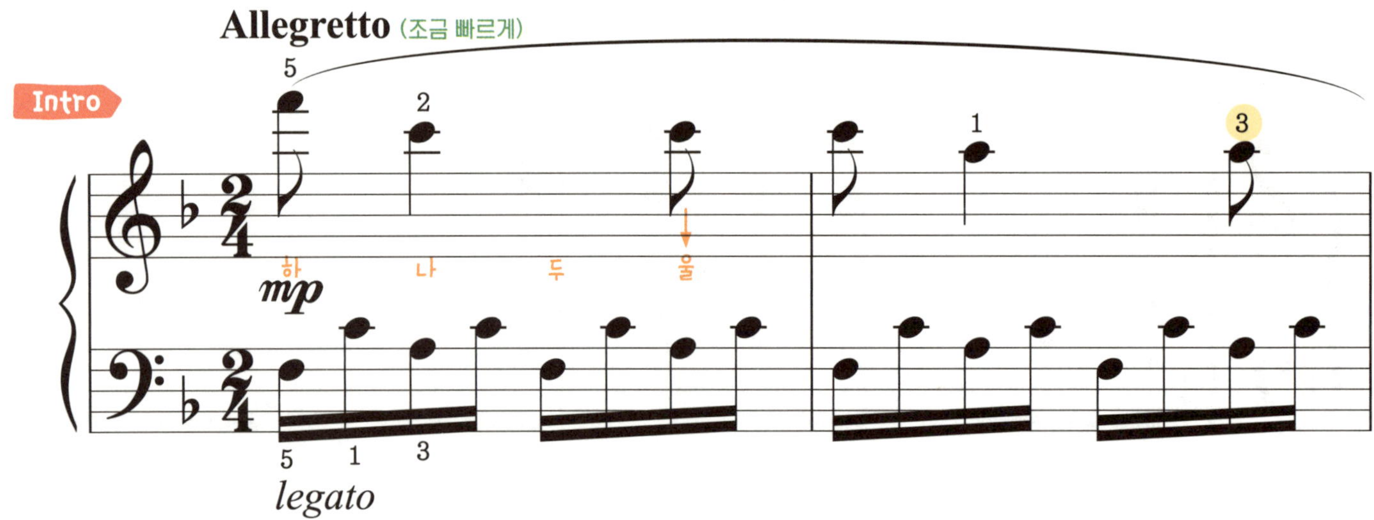

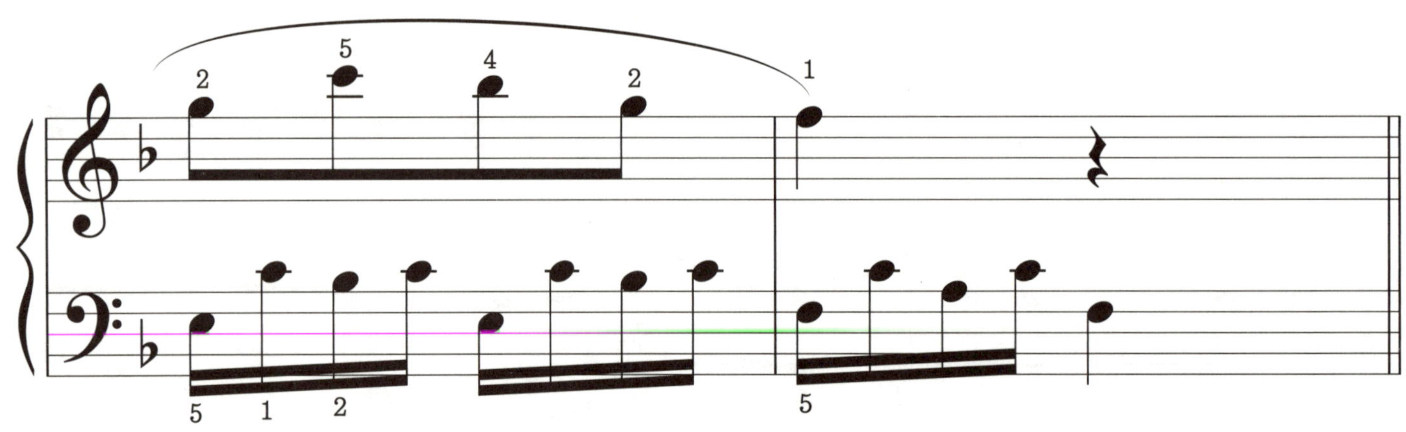

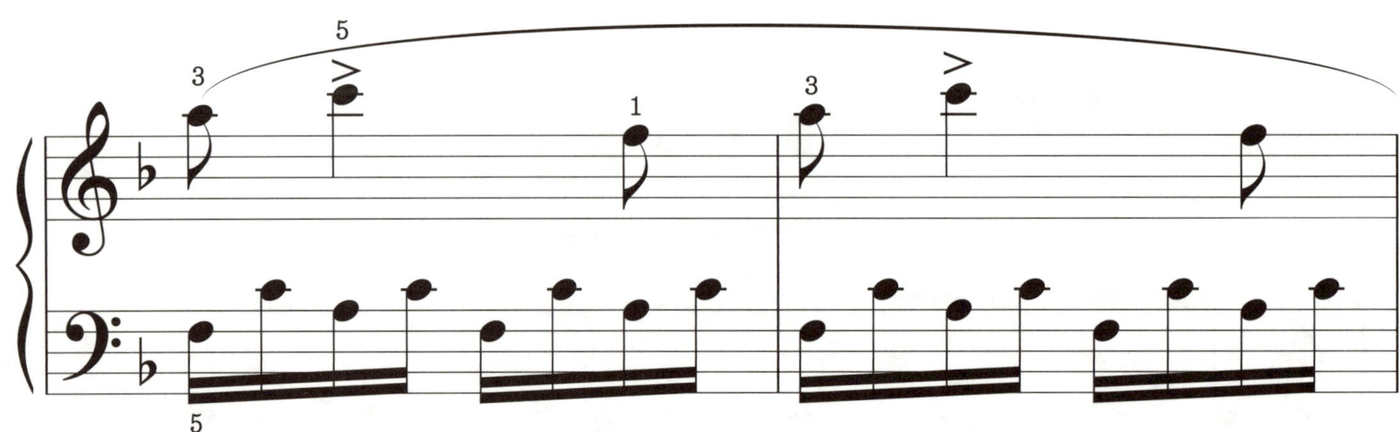

90
100
110
손가락 넘기기!
4
1
p

3도 겹음 음계 진행 연습

Czerny Op. 139, No. 11

80
90
100
p
f

짧은 앞꾸밈음 연습

Czerny Op. 139, No. 12

Allegro (빠르게)

90
100
110
cresc.
cresc.
체르니 레시피 55

레가토와 스타카토의 연결 연습

Czerny Op. 823, No. 30

Allegro Vivace (활기차며 빠르게)

100
110
120

16분음표 프레이즈 연습

Czerny Op. 453, No. 16

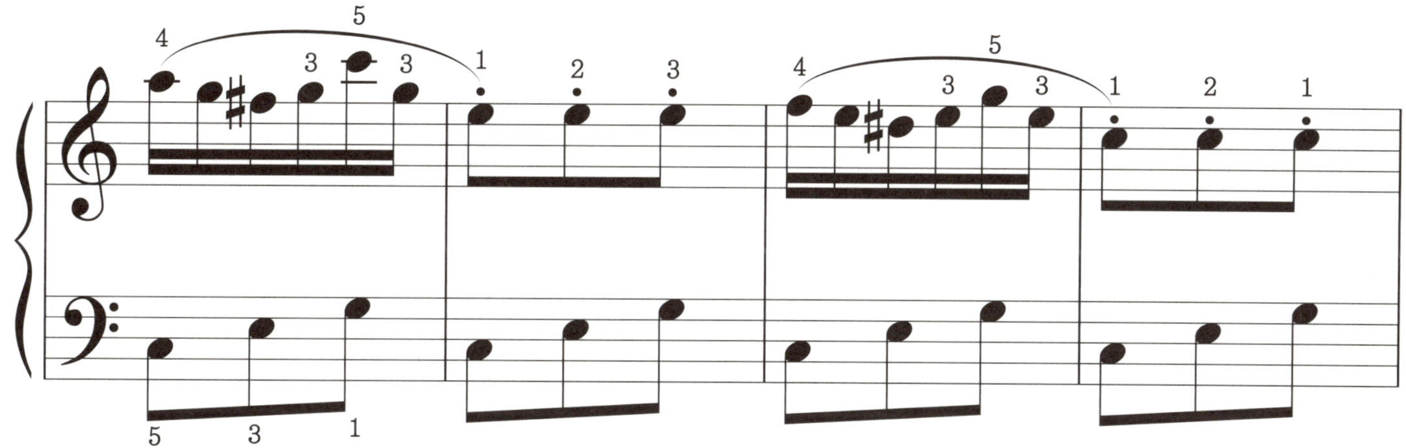

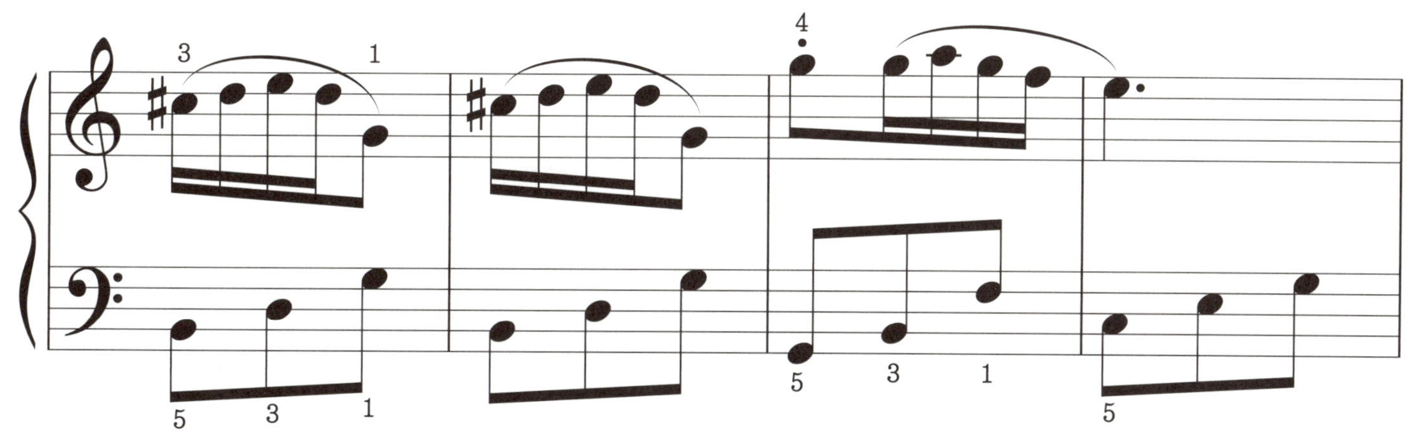

알베르티 베이스와 이음줄 연습

Czerny Recreation, No. 29

Allegro moderato (적당히 빠르게)

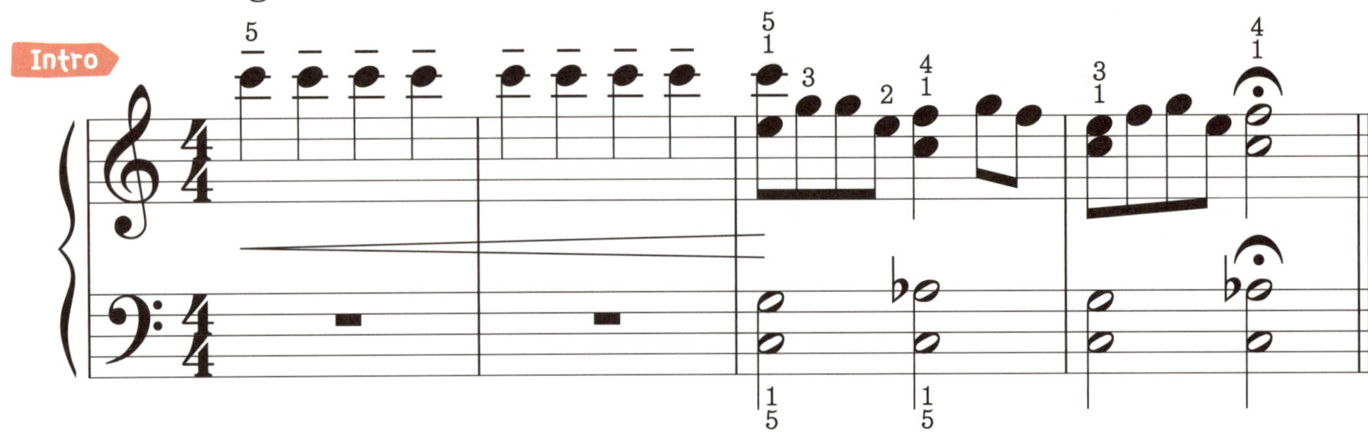

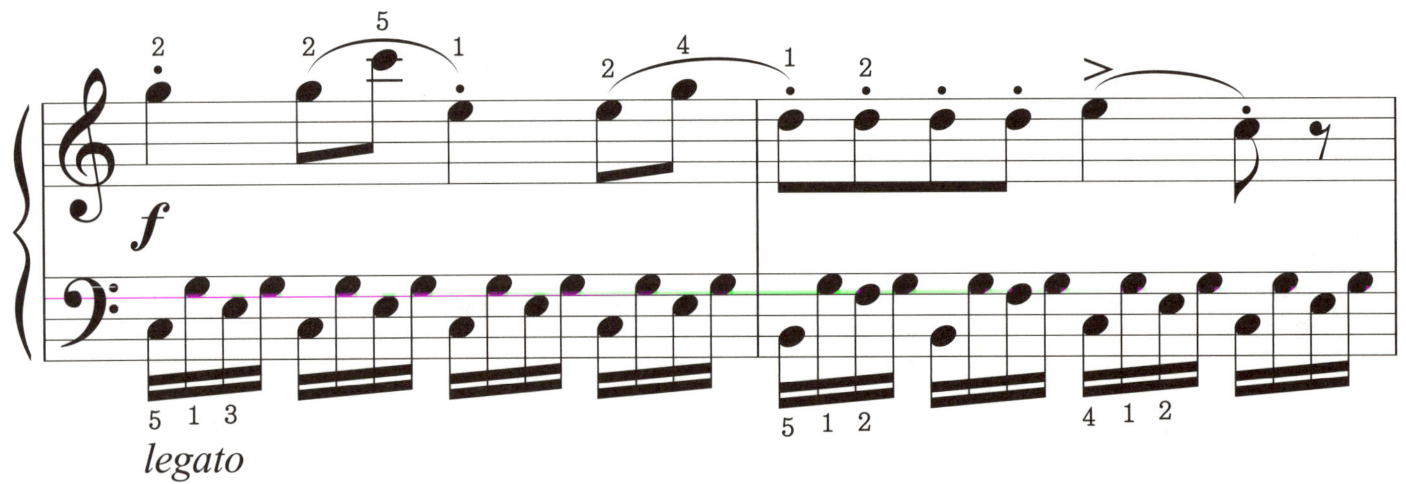

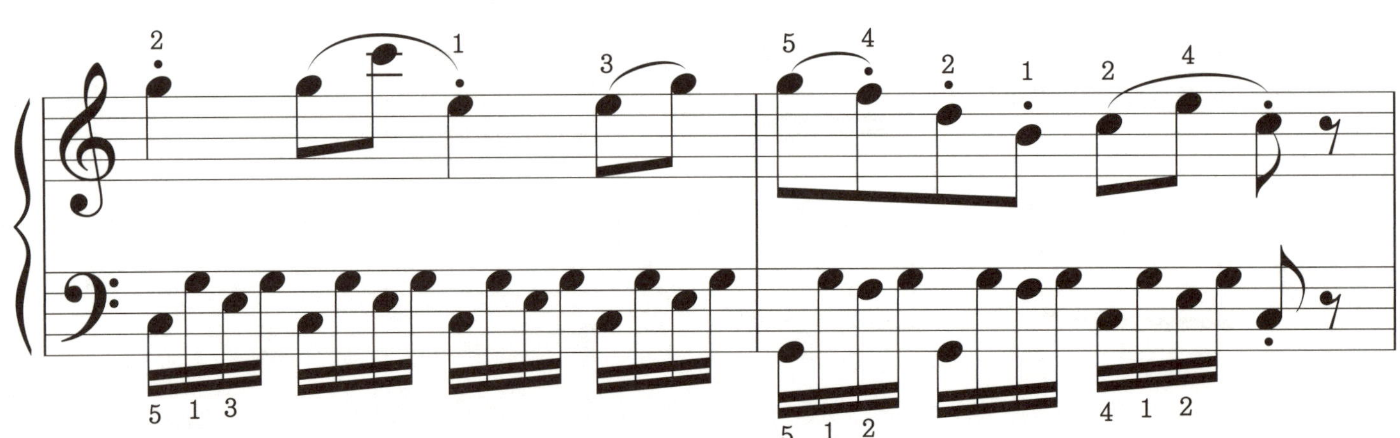

90
100
110
p
f
체르니 레시피 63

핑거페달과 꾸밈음 연습

Czerny Op. 139, No. 24

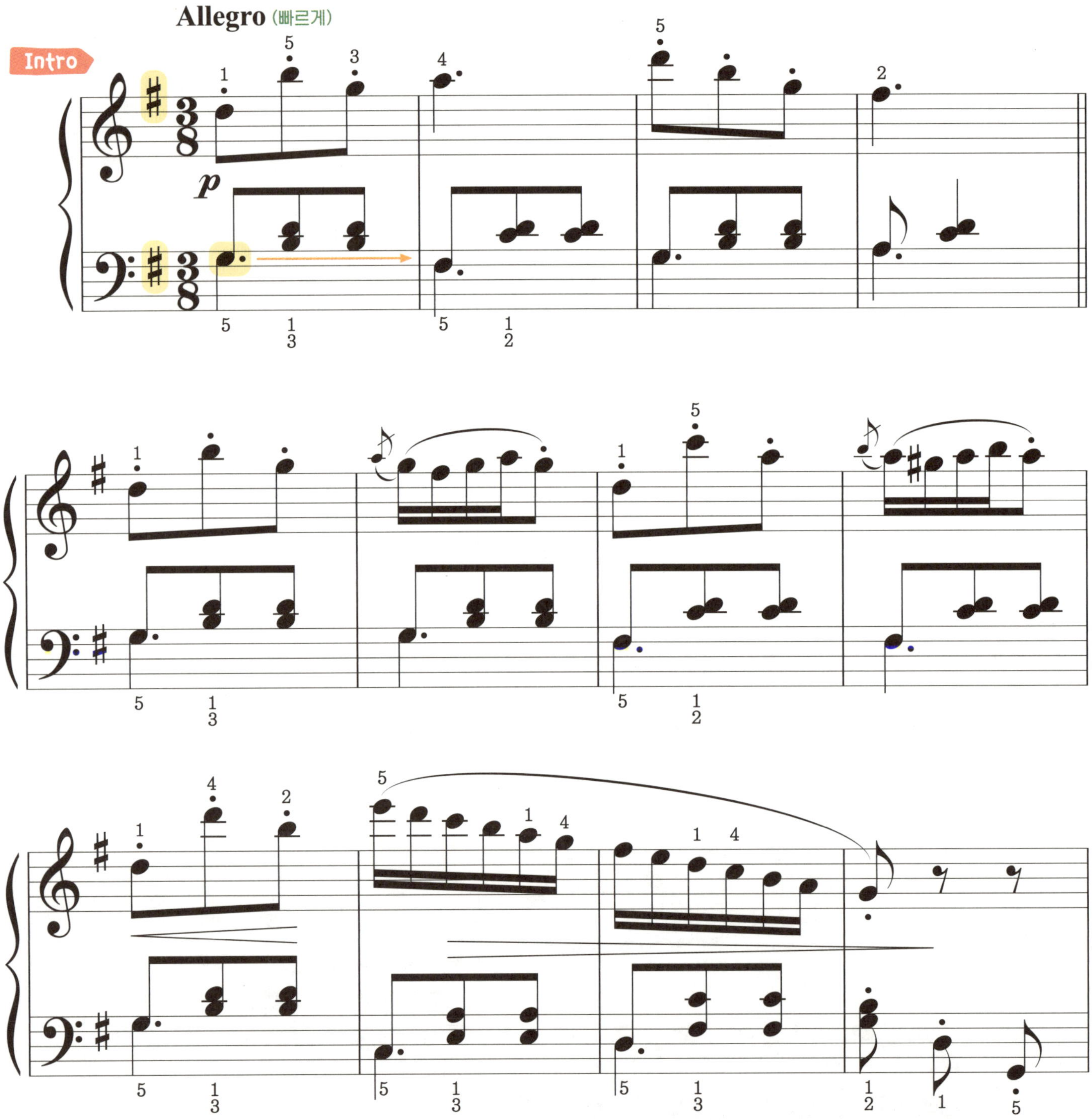

100
110
120
p
cresc.
p
p

꾸밈음을 위한 반음 연습

Czerny Op. 139, No. 33

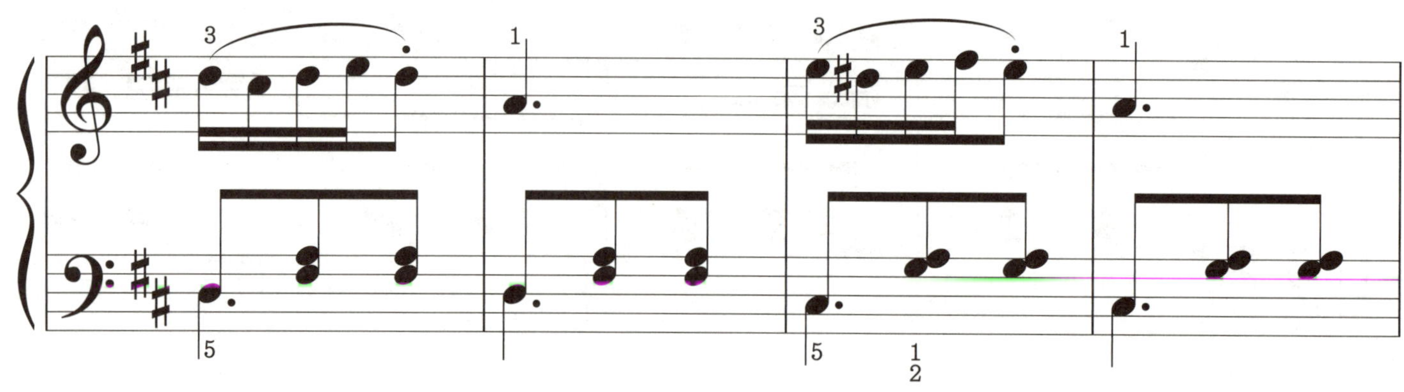

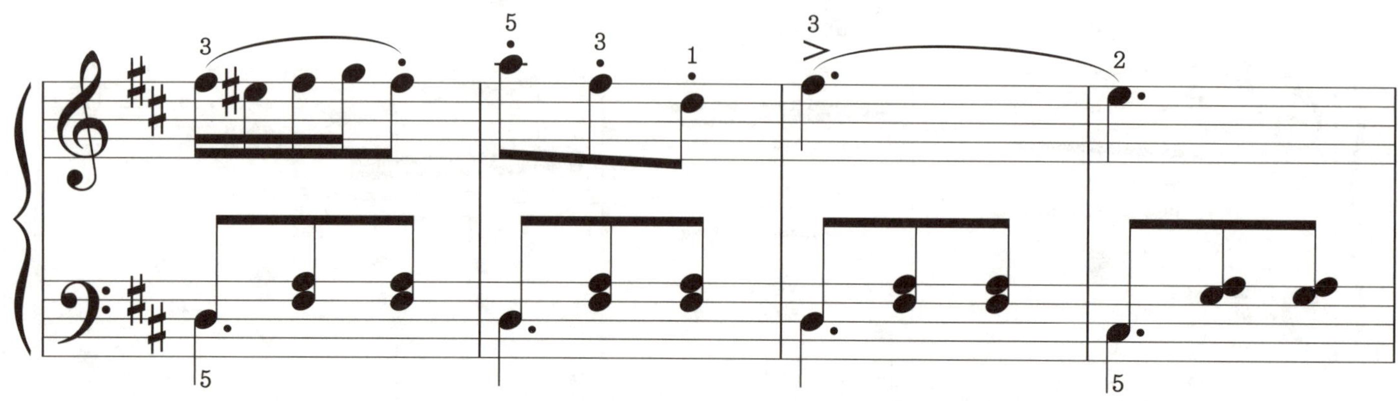

100
110
120

cresc.

1번 손가락 이동 연습

Czerny Op. 139, No. 19

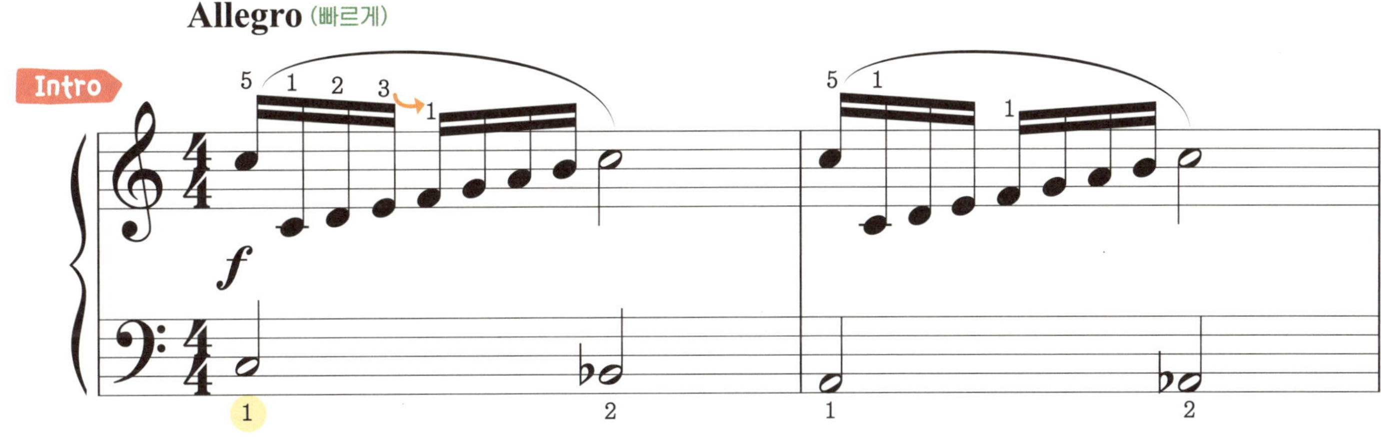

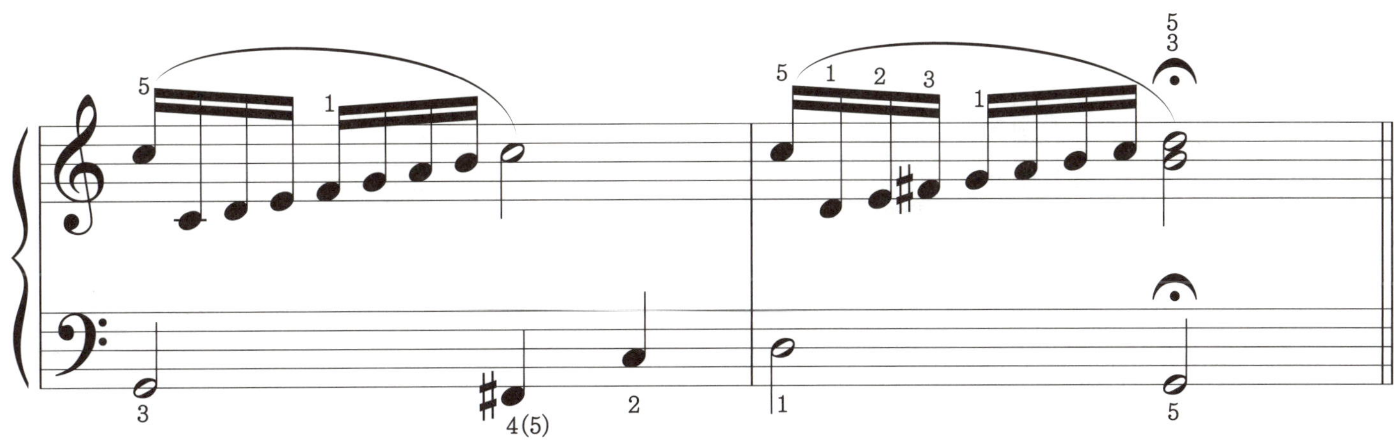

90
100
110

3도 겹음 연습

Czerny Op. 777, No. 18

28

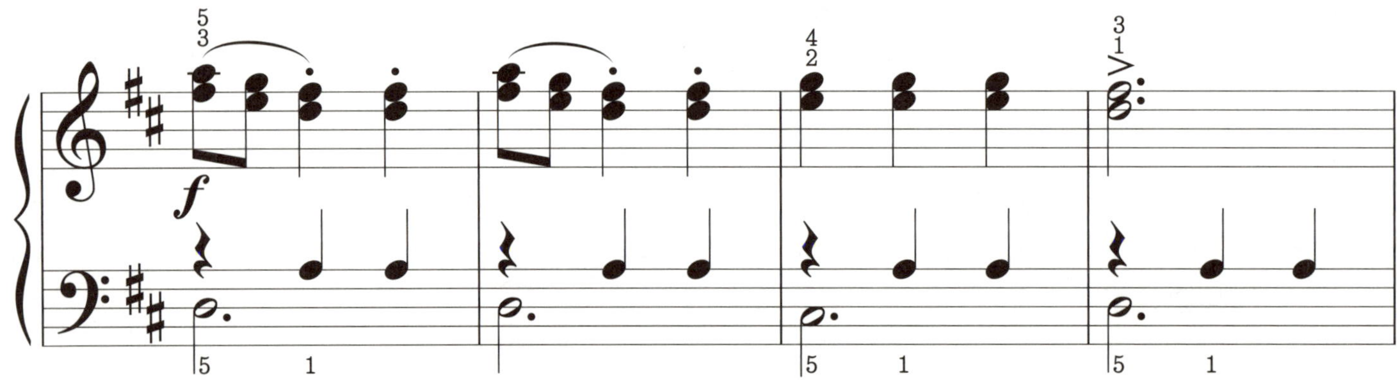

100

110

120

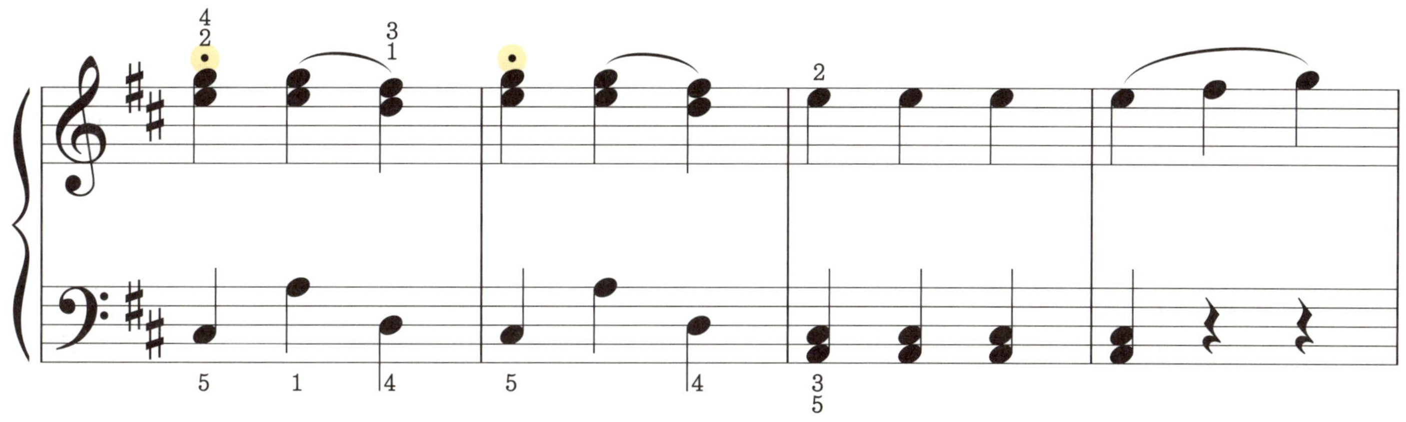
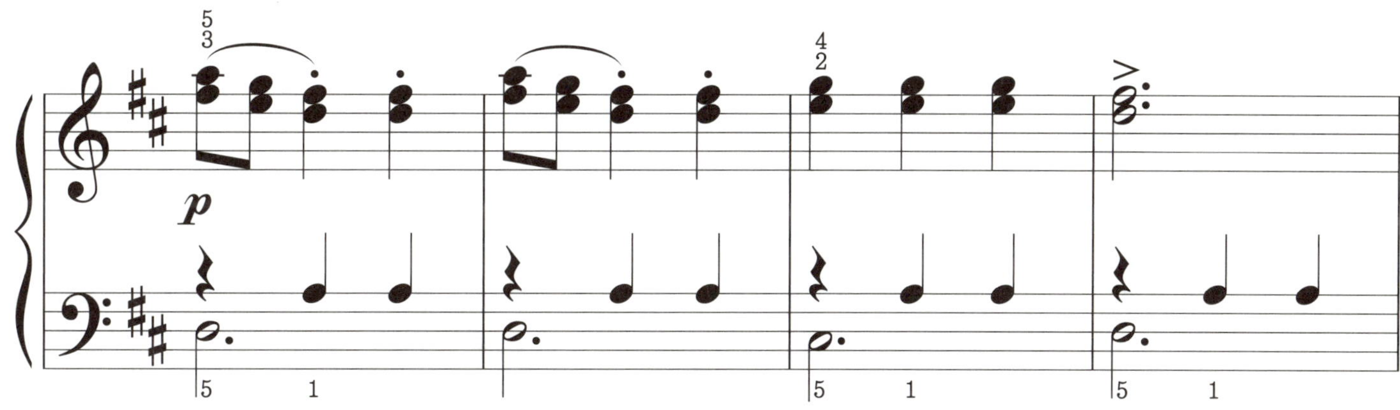

펼침 화음과 다양한 타건 연습

Czerny Op. 453, No. 10

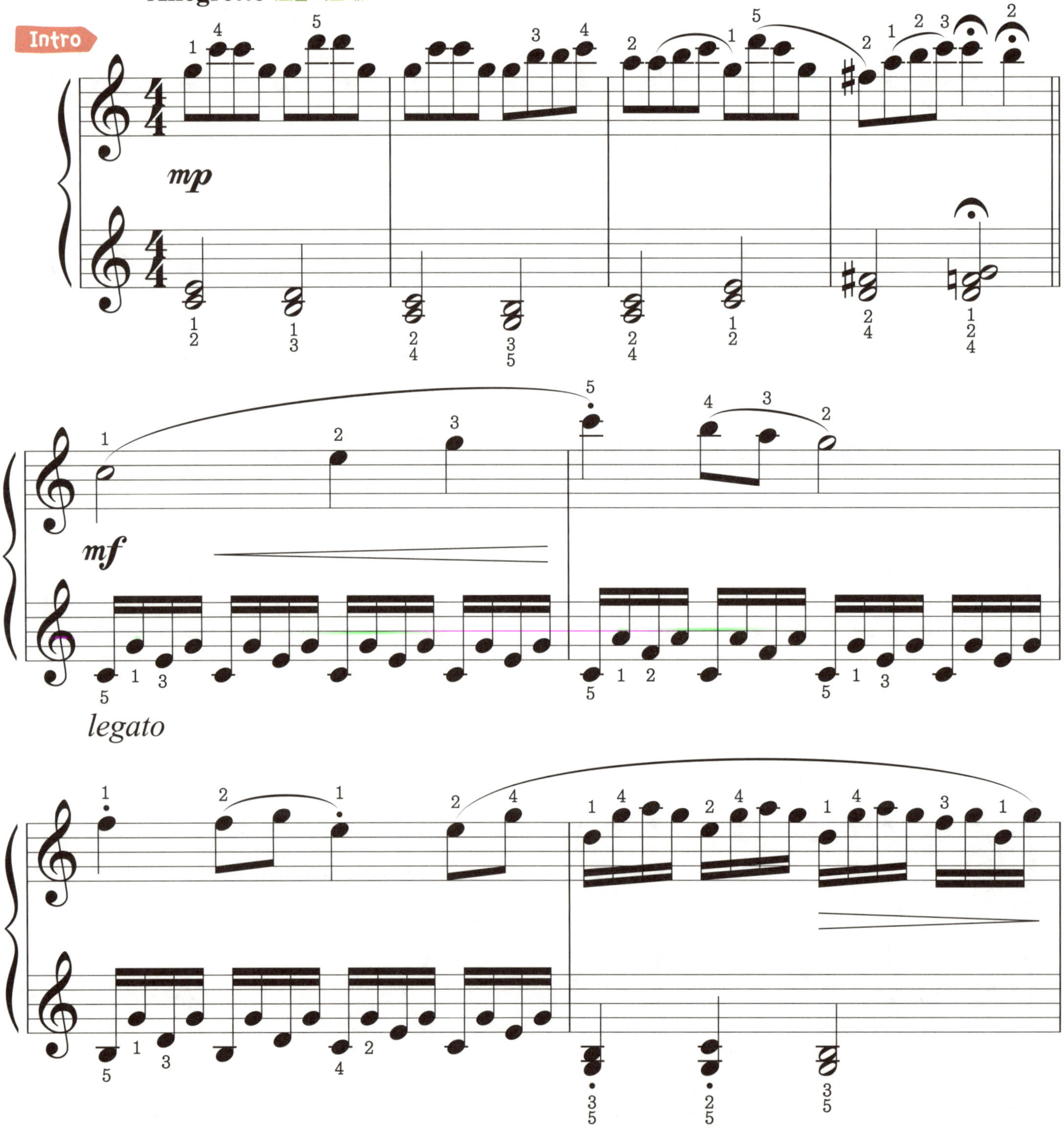

포핸즈로 연주하는 체르니

연주 한 스푼

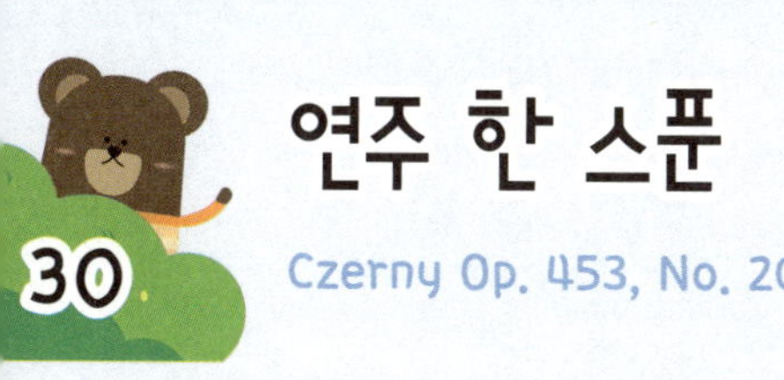

연주 한 스푼

Czerny Op. 453, No. 20

30

* 선생님과 함께 연주할 때는 1옥타브 위에서 연주해요

Allegro Moderato (적당히 빠르게)

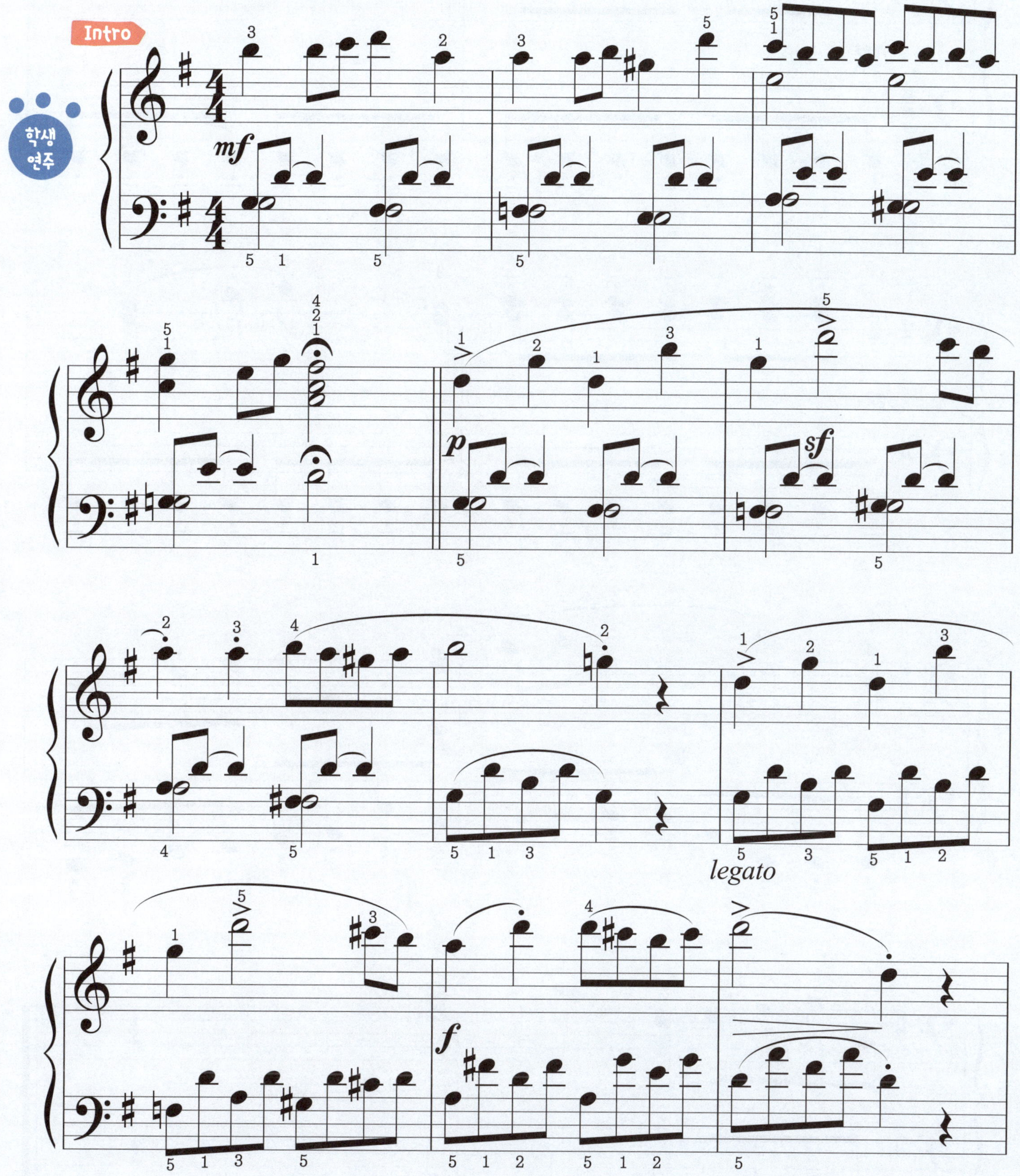

선생님
연주
mp
p
cresc.
f
80

8va
f
p
cresc.
f

체르니 레시피만의
특별한 드럼 리듬 연주 음원 활용법!

방법1 예비박을 듣고 바로 연주 시작!

방법 2 예비박 이후 몇 마디의 드럼 리듬 연주를 들으며
카운트를 세고, 이후에 함께 연주 시작!

주의사항
– 연주의 빠르기(BPM) 는 연주자가 정확하게
  연주할 수 있는 박자를 기준으로 연습합니다.

– 드럼을 들으며 정확한 박자에 연주하는 연습을 합니다.

체르니 레시피 QR 모음

8비트

BPM 80

BPM 90

BPM 100

BPM 110

BPM 120

16비트

BPM 80

BPM 90

BPM 100

BPM 110

BPM 120

4분의 3박자

BPM 80

BPM 90

BPM 100

BPM 110

BPM 120

8분의 3박자

BPM 90

BPM 100

BPM 110

BPM 120

8분의 6박자

BPM 90

BPM 100

BPM 110

Profile

저자 **최동규** 교수

· 경희대학교 음악대학 졸업 및 동대학원 실용음악석사
· '어떻게 이렇게', '기억하겠죠', '꿈 그리기', 'Memories',
  '친구를 만난 고양이', '피아노를 만난 고양이' 음반 발매
· 평창동계올림픽 응원가 'We Go 평창' 콰이어 편곡
· SBS드라마 '돈의 화신' BGM 작,편곡 및 연주
· KBS FM 음악앨범 '이 주의 아티스트' 코너 진행
· MBC 음악 FM 개국30주년 기념 로고송 작,편곡
· ISO 국제예술자격 교육개발위원 및 평가위원
· K-Pop 국제 청소년 페스티벌 심사위원
· CBS 실용음악콩쿠르 심사위원
· 전국음악교육협의회 급수검정 심사위원
· 충청대학교 실용음악과 교수

저서
· 「바이엘 레시피 1~4」
· 「반주 레시피(개정판) 1~4」
· 「젓가락 반주 레시피 1~2, 가요편」
· 「포핸즈 레시피 1~3」

· 「재즈 소곡 피아노 레시피(개정판) 1~3」
· 「실용 재즈 피아노 레시피 브라운편 / 퍼플편」
· 「New 반주 레시피 1~4(성인편)」
· 「시작하는 사람들을 위한 바이엘 레시피(성인편) 1~2」
· 「바이엘부터 시작하는 코드 이론 레시피(very easy) 1~7」
· 「쉽게 익히는 코드 이론 레시피(easy) 1~3」
· 「체르니 레시피」

저자의 SNS를 통해 좀 더 많은 실용음악의 정보를 얻을 수 있습니다.

Instagram www.instagram.com/pianorecipe/ 

YouTube www.youtube.com/channel/UCvldqvM4yVaZc7-ayGFp3Zw 

KakaoTalk Plus친구 pf.kakao.com/_xibHxgj  
카카오톡 검색창에서 "피아노 레시피" 플러스 친구를
검색 후 친구추가를 해보세요!

체르니 레시피 최동규 편저

발행인 박현수
발행처 세광음악출판사 | 서울특별시 용산구 만리재로 178
　　　　 Tel. 02)714-0048(내용 문의)　　Fax. 02)719-2656
　　　　 http://www.sekwangmall.co.kr
공급처 (주)세광아트 Tel. 02)719-2651　　Fax. 02)719-2191

|총괄| 강성호
|편집 및 교정| 강효정, 유은재
|디자인| 김태원
|제작| 김상준
|마케팅| 강성호, 윤미희

등록번호　제 3-108호(1953. 2. 12)　**인쇄일**　2024. 1
ISBN　978-89-03-31212-3　93670

© 2024 최동규